南京水利科学研究院出版基金资助出版

人工港湾水体交换的动力机制与改善措施研究

何 杰 辛文杰◎主编

河海大学出版社
HOHAI UNIVERSITY PRESS

内容提要

本书采用风、浪、流共同作用下的水质数学模型模拟了港湾水体交换的真实过程，定量描述了各种动力因子对港湾水体交换的影响程度，给出了主要动力因子与水体交换的响应关系式，制定了改善人工港湾水体交换工程措施的一般性原则和方式。

图书在版编目(CIP)数据

人工港湾水体交换的动力机制与改善措施研究 / 何杰，辛文杰主编. — 南京 ：河海大学出版社，2018.12(2019.5 重印)

ISBN 978-7-5630-5841-9

Ⅰ. ①人… Ⅱ. ①何… ②辛… Ⅲ. ①港口工程—水工建筑物—区域水环境—研究 Ⅳ. ①U656②X143

中国版本图书馆 CIP 数据核字(2018)第 299477 号

书　　名　人工港湾水体交换的动力机制与改善措施研究
书　　号　ISBN 978-7-5630-5841-9
责任编辑　彭志诚
封面设计　黄　煜　徐娟娟
出　　版　河海大学出版社
地　　址　南京市西康路 1 号(邮编:210098)
网　　址　http://www.hhup.com
电　　话　(025)83737852(总编室)　(025)83787769(编辑室)　(025)83722833(营销部)
经　　销　江苏省新华发行集团有限公司
排　　版　南京布克文化发展有限公司
印　　刷　虎彩印艺股份有限公司
开　　本　787 毫米×1092 毫米　1/16
印　　张　7
千　　字　120 千字
版　　次　2018 年 12 月第 1 版　2019 年 5 月第 2 次印刷
定　　价　60.00 元

前　言

人工港湾经历了建设位置从靠岸到离岸，布局方式从顺岸式到环抱式和挖入式（统称为半封闭式）的发展。港池在增加码头岸线、改善泊位安全和减少泥沙回淤的同时却为港池的水环境问题埋下了隐患。人工港湾虽然减小了港池内水体与外界交换的通道，但海水长时间滞留在港池，更新速率减慢，加之污染物地不断排入，使得港湾的水环境问题日益突出。

本书运用水质数值模型作为研究水交换问题的主要工具。采用基于无结构网格的有限体积法对控制方程进行离散，计算网格单元间界面的数值通量采用 Roe 格式的近似 Riemann 解计算，底坡源项采用特征分解法处理，并对该模型下浅水方程的平衡性进行了证明，二次偏导数的紊动项采用界面平均值进行计算。通过对半封闭矩形港池的概化模型模拟结果表明，从提高港池水交换的角度考虑，港池平面的长宽比和港池口门的开度存在着相互制约的关系。选择适合当地海域的组合潮型作为潮汐控制条件可以比较真实地反应出港池水域污染物扩散的实际过程。大铲湾的水环境数学模型通过了水流和水质模拟的验证，模拟结果表明：大铲湾湾顶成为港池水环境问题治理的重点水域；开渠方式对提高湾顶水体交换量的效果不甚明显，而泵站抽水方式可有效提高湾顶水体污染物的扩散速率。对广州南沙港区中部挖入式港池的模拟结果表明：口门段港池水域的污染物浓度能在短时间内下降，内港池成为港池水环境问题比较突出的水域；连通龙穴南水道的河涌对改善内港池的水质状况效果十分明显，港池口门北侧的导堤对外部和中部港池的水环境改善也比较有益；对港池水交换问题的治理可结合导堤工程与河涌工程同时进行。由此可见，人工港湾的水体交换问题与港池的工程泥沙、工程安全等问题具有同等重要的地位，在港池设计初期阶段应该引起相关部门充分的重视并开展相关的科研工作。

本书由南京水利科学研究院何杰和辛文杰主编。其中第 1 章的第 1.2 节由河海大学的陈宏洺和万芬芬编写，第 2 章的第 2.6 节和 2.7 节分别由南京水利科学研究院张新周和陈静编写，第 3 章的编写工作由黄河水利委员会水文局赵何冰和赵新生完成，第 4 章的第 4.2 节由中国能源建设集团江苏省电力设计院有限公司的施金编写。

由十编著水平和工作环境的关系，采用的案例均为珠江口人工港湾的实例分析，书中用词难免有不当之处，谨请各位读者批评指正。

编著者

2018 年 10 月

目 录

1 绪 论

从国内外现代港口上百年的发展史来看，在港口功能和规模等产生变化的同时，港口平面布局方式也在发生一系列相应的变化。港口发展初级阶段多以顺岸式码头为主，随着港口规模的不断扩大，在岸线资源短缺的情况下，挖入式港池布置可有效缓解这一矛盾；另外，随着船舶大型化和深水航道的开挖，离岸式港口建设亦成为一种发展趋势，港池平面布局方式多以环抱式为主。人工港湾采用了挖入式港池或环抱式港池的平面布局方式，该类型港池在增加码头岸线、改善泊位安全条件和减少泥沙回淤的同时却为港池水环境问题埋下了隐患。半封闭港池只能通过港池口门与外海水体进行交换，造成的直接影响就是港池内水体流动缓慢、更新速率减慢、与外界水体交换量减小，间接影响为港池水体自净能力减弱、水环境容量下降，港池内产生的污染物不能及时输移扩散到外海。半封闭港池内外水交换的减弱是形成港池水环境问题的主要因素，因此对于人工港湾水体交换问题的研究是十分必要的。

1.1 问题的提出

水环境是指一切与水相关的聚合体，水环境问题是指围绕人群空间的水体对人类的生存和生活构成直接或间接影响而产生的一系列矛盾，而工程水环境问题则是指由水利工程建设过程中或建成后对当地自然环境的改变而产生的反作用效应。在海洋水环境问题中港湾的工程水环境问题因其自身特点而十分突出，港口工程不仅在其周围海域一定范围内产生水环境影响，对其本身也将造成诸如泥沙回淤、水质恶化等水环境问题。半封闭的港池通过港工建筑物将原本开敞的海域围成半封闭的水域，港池内水体流动缓慢，港池内外水体交换能力减弱，港池内的水体长时间得不到与外海水体交换，加上近岸污染物排放、船舶排污等必将造成池内水质恶化，水环境问题突出。随着海洋环境法的制定，海洋环保意识的加强，我们对该类由港池平面布局方式引起的水环境问题应引起足够重视。港池内外水体交换能力的减弱是引起半封闭港池水环境问题的主要原因，开展半封闭港池水交换问题的相关研究具有非常现实的意义。

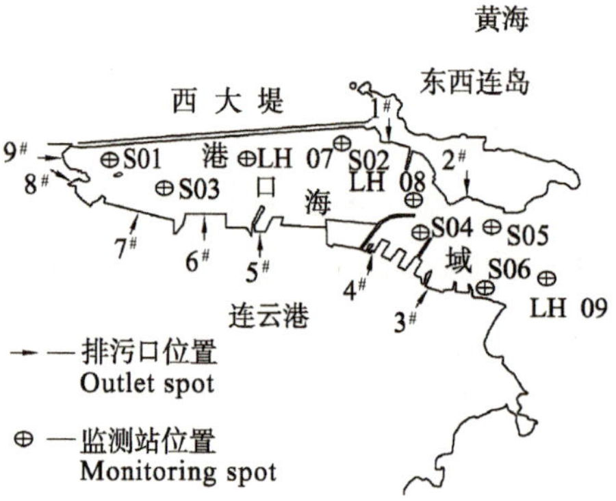

图 1.1　连云港港口示意图

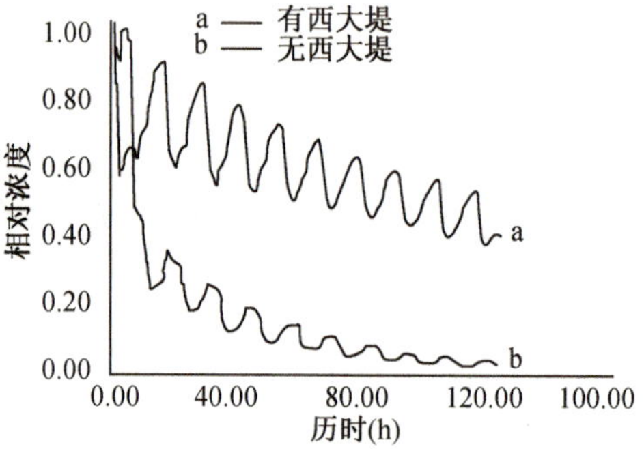

图 1.2　建堤前后港池浓度历时曲线

连云港的西大堤(长 6.7 km)将东、西连岛与大陆连接起来，使原来只有 3 km^2 水面的连云港增加到 30 km^2，形成一个风平浪静的超级港湾，如图 1.1 所示。西大堤的建成使连云港由原来的海峡通道型港口变为半封闭的人工海湾型港口，风浪条件得到改善，可利用的港口岸线大大加长。但港湾内原来东西畅通的潮流变为只能经东口门进出的潮流，湾内的纳潮水体全部改由东口门进入，峡道内的分汇流现象消失[1]，因此西大堤的建成削弱了港湾内水体的交换能力。假设湾内原水体初始浓度 $G_0=1.0$ 且均匀分布，湾外海水的初始浓度 $G_1=0.0$ 也均匀分布。在潮流作用下，湾内外水体产生交换，在水交换的过程中，湾内的水质不断更新，浓度逐渐减小，湾内平均浓度变为 $0<G<1$。以湾内大潮时为例，建堤前后港湾内水体交换能力有明显的差异，建堤前湾内水体的平均浓度降低到 0.5 时仅需 10 h 左右，不到 1 个潮周期；建堤后则需要大约 80 h，约 6.5 个潮周期(图 1.2)，西大堤的建成大大降低了港湾的水动力作用[2]。西大堤建成后，减弱了港区内外水体的交换能力，

自净能力变差，港湾内水环境容量下降[3-5]，加上水产养殖及陆上生活和生产废水排放的影响，以及随着港口建设规模的扩大和时间的推移，污染物不断增加和积累，导致湾内水体污染有加剧的趋势。而由于湾顶水动力作用最弱，水体交换能力最差，因此也成为港湾中水质污染最严重的地区[6-7]。

1.1.1 港口布局方式的转变

欧洲国家的港口建设发展较早，如今的港口已具有一定的规模。欧洲最大的港口鹿特丹港，位于莱茵河河口，西邻北海，外港在平面布局方式上以环抱式和挖入式为主(图 1.3)，深水码头可停泊巨型货轮和超级油轮。泽布鲁日港为比利时第二大港，濒临北海的南侧，外港区系填海而成，码头岸线共长 10 797 m，最大水深达 20 m，平面布局方式采用环抱式为主(图 1.4)。随着国内港口的建设和发展，大型的港口在平面布局方式上也朝着半封闭类型的趋势发展，如渤海湾的天津港(图 1.5)和珠江口的深圳港大铲湾港区(图 1.6)等。海港的位置一般选在河口或海湾，如鹿特丹港利用莱茵河南侧岸线或筑堤或开挖形成了一个超级大港；深圳大铲湾则在湾口北侧筑起大突堤，使原本开敞的海湾形成了一个口门狭窄的半封闭港湾；而比利时的泽布鲁日港完全借助港工建筑物形成了一个巨大的环抱式港池；天津港一方面借助海河口两侧的岸线形成码头，但主要还是通过填海造陆形成码头和港池。这些港口平面布局方式的相同之处在于港池口门较小，港池水域面积较大。

图 1.3 鹿特丹港

图 1.4 泽布鲁日港

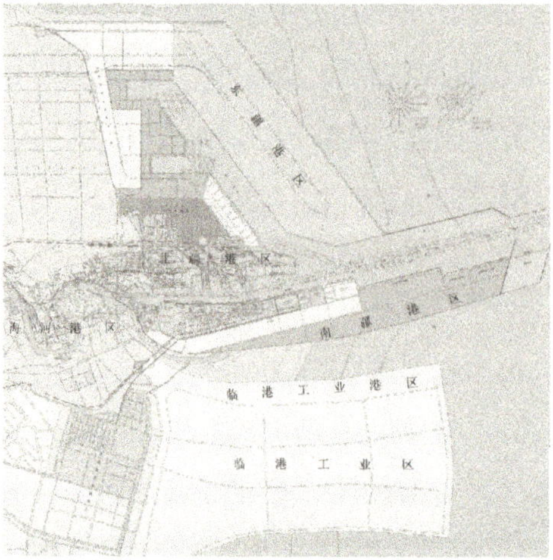

图 1.5　天津港

图 1.6　深圳港大铲湾港区

这种“口小肚子大”的港池布局方式不仅广泛存在，而且数量也在不断增加，不断有新的半封闭港池处在施工阶段或规划设计之中。从笔者接触到的相关项目研究中对港口平面布局方式的变化趋势也可略见一斑。广州港南沙港区二期工程位于一期港池南部，码头采取顺岸式布置，主要研究对象为潮流和泥沙回淤问题。狮子洋上游段的新港和新沙两港区以顺岸式码头为主，关心的问题以潮流和泥沙回淤为主。在河口地区，布置在河岸两侧岸线的港池多以顺岸式为主，在海湾地区则可根据岸线形状和岛屿分布情况建设港池码头。广东省西部的博贺湾是一个典型的砂坝潟湖海湾，在东南侧莲头半岛的掩护下，形成了一个湾口朝向西南的半封闭海湾。博贺湾内防浪掩护条件较好，港池平面布局方式以环抱式为主，湾内水深较浅，进出港航道离深水区较远，泥沙问题仍是港区布局规划的关键。广东省台山市南部的广海湾，北部环陆，湾口朝南，面对川山群岛，波浪掩护条件较好，港池规划方案之一为利用广海湾湾顶岸线围填造陆形成环抱挖入式港区，西侧筑起大突堤，顺岸布置码头，东侧采用突堤与港池相间的方式形成两个港池，广海湾港区的研究重点仍是泥沙问题。温岭龙门港位于浙江中部沿海的台州湾南部，海域内岛屿众多，多个岛屿连接形成岛链，根据岛屿链接方式可将积谷洋规划成为单口门的环抱式大港池，积谷洋湾内受波浪影响较小，建港后港池和航道的泥沙回淤成为主要关注的问题。采用数学模型对工程海域的潮流泥沙运动进行了模拟计算，分析了工程前后的水动力变化情况，结果表明建港后积谷洋湾的纳潮量明显减小；水质点运移轨迹变化结果表明，位于港池口门段水域的水质点可以通过口门在落潮过程中流出港池、涨潮时进入港池，表明口门附近水域的水体可以通过口门与外海进行很好的交换，而处于港池末端水域的水质点仅随潮流在港池内部徘徊运动、流动非常缓慢，表明港池内部的水体与外界交换速率很慢[8]，但遗憾的是没有进行港区水质扩散方面的模拟试验研究，对港池内水体的交换过程缺乏定性和定量的描述。

以上介绍的海岸港区规划研究中，建港方式多涉及到挖入式港池或环抱式港池，这种半封闭港池的优点是减少了港区的波浪影响和泥沙回淤等，缺点是进出港的潮流通道缩窄，导致进出港池的潮量减小，水体交换量的减小则可能会引起港池水域水质状况的恶化。船舶和码头等陆上的污染物不断排入港池，港池内的水体得不到有效的交换，水中的污染物不能被落潮流带走以及被涨潮流稀释冲净，在港池内长时间积累将会使港池水体不断恶化，对港口附近人们的生产生活造成严重影响和危害。治理港池水污染的主要途径有减少港池污染物的排入量和增加港池水体的自净能力，前者可以通过制定相关的法律法规来约束，后者则需要通过工程措施来达到治理的目的。由工程本身引发的问题是可以通过对工程本身的有效改善来解决的。提高水体自净能力有两种途径，一是增加港池水体与外海的交换量，起到稀释污染物的作用；二是提高港池水体的流动速度，增加水体对污染物的降解能力，所谓“流水不腐、户枢不蠹”就是这个道理。

在港池水体交换方面，曾就广州港南沙港区的中部挖入式港池规划进行过专题研究[9]。该挖入式港池形成后，水域面积为 5.0 km^2，纵深达 6.3 km，潮流悬沙数学模型模拟结果表明，港池内流弱沙少、泥沙回淤轻微，这对船舶进出港和港池维护都十分有利。水质点运移轨迹模拟表明，位于港池口门附近的水质点可以自由进出港池，且运动路径也较长，而处于港池内部的水质点在港池弱流状态下运动路径非常短，几乎处于静止状态，表明口门附近水域的水体可以得到很好交换，而港池内部的水体却很难通过港池口门进行交换，甚至成为一团死水长期得不到交换。在一个涨落潮过程中进出口门的水量占到港池总容积的 10%，由于港池内流速普遍较小，虽然港池口门一次涨落潮过程能交换港池 1/10 的水量，但港池中部和尾部的水体未必能通过口门与外界进行交换，因而此次研究提出了在港池中部和尾部开挖连通河涌的方案。河涌两端在涨落潮过程中具有水面比降，可以产生自然流动，港池内的水体可以通过河涌与外界产生交换，但水体交换的范围和速率究竟有多大，还需通过污染物扩散试验做进一步研究，这将是本节后面重点研究的内容。

1.1.2 港口环保意识的提高

港口作为水陆联接、船舶装卸、中转集疏运的枢纽，对废弃物、生活垃圾等的治理直接关系到港口环境质量。如果废弃物直接排入港口水域，必然会导致水质恶化，影响海洋生态环境。港口与环境是一个相互影响的共同体，港口发生的一切活动不可避免地对环境产生直接或间接的影响；同时环境也将反作用于港口，对港口的规划和运行产生深远的影响。因此，我们在发展未来港口时必须高度重视环境因素，“绿色生态港口”就是一种在环境影响和经济利益之间获得良好平衡的可持续发展港口[10]。如果在港口建设的早期阶段就考虑到环境因素，设计出的港口对环境的影响肯定会有所降低。就目前状况而言，如果一个港口能够做到减缓环境恶化，保持局部地区和全球自然平衡的同时，又能做到顺利盈利，也就可以称为“绿色生态港口”了，这样的港口不仅可以被社会接受，也是能够长期发展的。

港口是一个典型的人类活动与环境问题有着直接冲突的场所，世界上的很多港口面临着环境污染和生态破坏问题[11]。为了从源头上避免或尽可能降低由于港口规划失误带来的不利环境影响，我国出台了《中华人民共和国环境影响评价法》《中华人民共和国港口法》《关于交通行业实施规划环境影响评价有关问题的通知》(交环发〔2004〕457 号)等法律法规文件，对港口规划提出了要求，并于 2003 年 8 月颁布了《规划环境影响评价技术导则(试行)》指导港口规划工作的开展[12]。港口环境保护法律和法规的颁布和实施，一是提高人们环境保护的意识，二是约束人们破坏环境的行为。港口水环境的保护不仅仅是在建港后减少污染源的排放和加强港口环境管理，还包括由港口工程本身构造引起的水环境问题，如半封闭港池引起的水体交换问题以及因此带来的水质恶化等问题，这些都是应该在港口规划初期考虑的问题。

1.2 研究进展

1.2.1 港口污染治理方面

海港大都位于大陆沿海岸或海岛的周边，属于海洋的一部分，对海洋的污染也是对港口的污染，且位于近海的港口所受的污染要比海洋严重得多。海洋污染（含港口污染）主要包括油类排放、工业废水和生活污水排放、固体废弃物的倾倒以及海洋和海岸工程建设与开发所带来的对海洋和港口的有机物污染、富营养化、放射性污染和重金属污染等[13]。港口的污染治理过程也经历了先污染后治理到现阶段的以预防污染为主的发展过程。如位于马六甲海峡的新加坡港，从 1979 年到 1992 年间共发生了 13 次严重的油污染事故[14]，如今的新加坡港却是海水清澈蔚蓝、既无油污荡漾也无垃圾漂浮的秀丽景象[15]。从国内外港口环境的治理历程和治理经验来看，可将港口污染治理分为提高污染治理技术和加强防污管理力度两个方面。

港口污染的主要来源有：废水污染、粉尘污染、石油污染和噪声等。石油污染（石油泄露）对港口和海湾的水环境污染无疑是灾难性的，自青岛港黄岛油区建成投产后 20 多年的运行中，在胶州湾以及临近海域共发生溢油污染 200 多次，溢油量超过 30 t 的事故有 11 次，溢油量最多的是 1983 年 11 月 25 日巴拿马籍油轮“东方大使”号在中沙礁触礁，至 12 月 2 日堵漏成功，7 d 共溢油 3 300 余 t 入海。尽管当时大力围拦，先后回收溢油的 60%左右，但由于当时处在初冬，气温和海水温度都较低，原油风化较慢，大量原油在潮流和偏北风的作用下扩展和输移较快，半天多时间油块就到达中沙礁东南方的团岛湾，并在沿岸堆积成长 1.4 km、宽 30 m 的油污带，此次溢油直接经济损失达 1 700 余万元，至于对沿岸旅游、养殖业等造成的影响和损失就很难统计了。吴永成等综合考虑了溢油的扩散、输移和风化等物理过程建立了胶州湾溢油数值模型，较好地模拟和预测了胶州湾及临近海域的溢油行为和污染范围[16]。

煤炭港环境污染的主要方面包括空气污染、水质污染、环境噪声污染等，而危害最严重的是煤粉尘对大气、水体的污染。目前中国港口大气 TSP 值普遍超标，特别是部分老港区，中心地带降尘量很大，污染严重，有些港口的粉尘污染量占所在城市全部粉尘污染量的50%以上,构成比较严重的污染问题[17]。郭珊等在分析总结前人研究成果的基础上,就目前煤粉尘污染的防治方法进行了研究,归纳为抑尘和除尘两大系统。总结了主要粉尘防治技术的防治原理、系统组成及主要特点,分析了各个防治技术的优缺点,提出了采用综合的防治方案治理煤粉尘污染的建议[18]。日照港作为我国煤运系统中重要枢纽港,在国民经济特别是在沿海地区经济发展中发挥着重要的作用,但粉尘污染问题仍然是一个困扰港区发展的主要问题。尹发军从港口煤尘污染产生的各个环节及控制措施人手,提出了存在的问题和适合日照港煤尘污染综合防治特点的对策[19]。

港口污染治理不仅要靠治污技术的提高,更要加强港口环境保护的相关体制和制定相关的法律法规。港口环保是全国环境保护的重要组成部分,港口和城市的发展相互依托,城市和港口的主管部门均应重视港口环保工作。陈军认为加强环境保护和促进港口发展的同时要做到:(1) 港口环境监督管理的职权划分;(2) 加强立法、依法治港;(3) 强化环境管理,保护港区环境;(4) 依靠科技进步,切实做好污染治理工作[20]。任兢生在谈到船舶的污染和港口污染治理关系时认为要做到以下几点:(1) 增强船员的防污意识,使船员充分认识到防污的重要性;(2) 加强业务培训,提高船员素质;(3) 请有关专家对油水分离设备的处理能力作认真的评估,制订较完善的规范和要求;(4) 研制方便保养的油水分离设备;(5) 提高监控手段,设置污水处理流量计;(6) 提高对处理水检测的手段;(7) 海事主管机关要加强现场检查力度[21]。可见,港口环境保护实施不仅是某一项法规能保证的,也不是某一个部门能执行的,更不是某一个人能保护的,是要靠提高港口相关人员环保素质,制定环境保护法律法规,发展港口治污科学技术等各有关部门共同来实现的。

1.2.2 水体交换方面

水流是水中物质颗粒搬运的载体,其物理输运过程主要包括平流和扩散。污染物通过对流输运和稀释扩散等物理过程与周围水体分担,与外海水体进行交换,污染物得以稀释,浓度得以降低,水质才会得到改善。对于一个半开敞式海湾,海水的净化能力很大程度取决于海流的大小,即当海流输运物质的能力与废水排放负荷达到某种程度的动态平衡时,该项指标即可作为某一环境要求下的污染物质排放总量的控制指标。从这个意义上说，海流的输送能力又直接反映了海湾的纳污水平。对于交换不畅的水体，污染物持续累积，往往会形成诸如富营养化等问题，造成水质恶化。因此对于半封闭港湾的水环境问题研究是首先从研究港湾内外水体交换方面开始的。

自 20 世纪 80 年代开始，水体交换的研究多以数学模型作为研究水交换问题的主要方法。Backhaus[22]用欧拉弥散模型计算了北海的水交换时间。Signell[23]也采用了弥散方程对波士顿港的潮水交换进行了数学模型研究。Yanagi[24-25]和Takeoka[26-27]分别对大阪湾和濑户内海的海域水交换随季节的变化进行了深入研究。Choi[28]在估算东黄海的水体交换时间时考虑了在风生流、潮汐余流以及密度流等条件的驱动。而 Kitheka[29]指出水交换与热带海域近岸生态系统如红树林、海藻和珊瑚礁的相隔分布有密切关系。Rosenberg[30]和 Lindahl[31]发现，在 Koljo 湾周边尽管没有十分强的污染源，但该海湾水交换极弱，湾内水体更新速率非常慢，在营养盐分不断增加的情况下，湾内水体环境日益恶化。而 Le Pape[32]研究发现，在法国布雷斯特湾，尽管污染物排放量不断增加，但因大尺度的水交换将污染物迅速带入大西洋，从而维持了湾内生态系统的稳定。Kraufvelin[33]认为在海湾污染减轻后，水交换对受到污染的生态系统具有非常重要的影响。

国内对于半封闭港湾水体交换方面的研究较晚，但随着我国港口事业的发展，与之相关的研究也正迅速发展。魏泽勋用 POM 模式模拟了渤海湾与黄海在夏季的水交换过程，分别进行了风海流、密度流和总环流条件下的模拟，指出在夏季渤海湾与北黄海的水交换表现为北进南出，与冬季相比流量较小，此外还分析了垂直方向上的海水交换[34]。魏浩应用水质模型模拟半交换时间来研究渤海的水交换能力，研究表明渤海 3 个海湾和渤海中部交换能力相差很大，并指出交换时间与物质初始浓度无关，而与投放时刻和外源迁移密切相关[35]；由于渤海环流结构及季节变化，莱州湾水体交换能力变弱，辽东湾特别是西部海域水交换能力最差[36]。林霄沛用 POM 模式计算分析了渤海湾温度结构和水体交换的季节性变化特征[37]。孙英兰通过建立三维潮流模式和污染物输运模式，定量分析了胶州湾和丁字湾的水交换能力，用质点追踪法对胶州湾进行了分区研究，将丁字湾划分为湾口、湾中部和湾底三部分进行讨论研究[38]。赵亮等利用追踪模型研究了胶州湾不同区域的水质点在潮流作用下的运动规律，指出流场结构的复杂性造成了各水域水体交换能力相差较大，大沽河河口、沧口水道左侧、黄岛以北、墨水河附近及海西湾和前湾湾顶区水域的水质点很难与湾外进行交换[39]。杜尹利用 ECOMSED 模式中的示踪粒子三维追踪模块重点分析了湾内外的水体交换情况以及污染物物质输运过程，结果表明水交换能力的强弱与纳潮量的大小成正比，即滩涂面积越大，水交换能力越强[40]。董礼先以溶解态的保守性物质作为湾内水的示踪剂，建立了对流-扩散型的海湾水交换数学模型[41]；建立的二维模型通过参数化的方法将垂向结构因子的水平弥散作用包含在模型中，在节约计算量的同时正确模拟出了湾内外水体的交换过程[42]。陈春华在数值模拟计算结果的基础上，通过研究净通量的方法，分析了海甸溪口的水体输运特征，分段讨论了海甸溪口的水体自净能力[43]。山峰等也采用 POM 模式，对东中国海黑潮季节变化进行了数值模拟，特别注意了海水运动的混沌特点和水质点的运移轨迹变化[44]。陈慧峰采用贴体坐标下的平面二维潮流数学模型模拟了防城港海湾的潮流运动，分析了填海工程对东、西两湾的纳潮量和纳污能力的影响[45]。

国内外的对水体交换方面的研究，大都以数学模型为基础，考虑了诸多因素对水交换的影响。研究对象也都集中在天然的大型海湾，而对由水工建筑物形成的半封闭港池水交换的研究较少，可能原因有两个，一是当时的半封闭港池较少，二是由半封闭港池形成的水环境问题并没有引起足够的重视。

1.2.3 半封闭港湾的水环境问题

半封闭港湾因其自身特点形成的港湾内外水体交换不畅的问题很早就被一些学者认识到，并开展了较多的水体交换方面的研究，但仅从通过港池口门的水量来反映半封闭港湾的水体更新速率是不够的。据孙英兰等对山东半岛南部沿海丁字湾的 COD 浓度扩散分布模拟研究来看，湾中部水交换 50%时，湾口水交换达 80%，湾底仅为 20%～40%；丁字湾湾口的半更换期为 1～5 d，湾中部为 18～20 d，湾底为 24～32 d；由此可见，丁字湾湾口水交换能力最强，湾中部其次，而湾底“丁”字头处水交换较弱，排入的污染物质在湾底的停留时间较长，而湾底处五龙河入海污染物量较大，因此需要加强对五龙河的污染治理[46]。张光玉采用数学模型对深圳东部盐田港区的沙头角湾进行了水体交换和污染物扩散的模拟，探讨了港口水工布局会不会对沙头角湾的水体交换及生态环境带来不利影响，进而是否会改变该海湾的纳污功能；港口排污口选址与港口排污会不会迁移至湾内而长期滞留，进而加速湾内水体的富营养化进程[47]。田嘉宁在建立COD扩散方程时考虑了生物化学反应和溶解有机物反应的作用，对某半封闭港的COD浓度分布进行了模拟，通过流入和产出两个方面结合，较全面地反映了水体中COD的现存量变化[48]。以上3个例子为针对半封闭港湾的水质模型研究，既有天然海湾也有人工港湾，研究方法均采用了水质数学模型。

如今半封闭港池的水环境问题已经引起国内港口设计和建设部门的高度重视，在港口规划和初步设计阶段也考虑到了这种由半封闭港池引起的工程水环境问题。深圳大铲湾大突堤的建成减小了湾内外水体交换的通道，湾内水体自净能力下降，必将导致大铲湾水环境问题的加剧。辛文杰、韩玉芳等采用物理模型模拟了大铲湾大突堤工程前后的水动力变化，采用Nacl溶液掺少量罗丹明B的混合液作为实验室模拟污水，配合大、中、小三种潮型模拟污染物在水中的输移扩散过程，为了解决湾顶水污染问题模拟了根部开渠和泵站两种方案，结果表明根部开渠并不能使突堤两侧的水体产生自然流动，达不到港池根部水域与伶仃洋进行水体交换的目的，而采用泵站方案效果较好，港池大部分水体置换需要15 d左右时间[49]。

以上是对港口水环境问题研究的回顾和总结，对于半封闭港池的水环境治理首先是杜绝或减少污染物的排放，再者就是提高港池水域的环境容量，增加港池水体的纳污能力。海水的物理自净能力主要是通过稀释、扩散、混合、挥发和沉淀等物理过程表现出来，而该过程的强弱则主要由潮流、海流、潮汐、风浪、径流等水动力条件所决定的，潮海流在其中起主导作用。潮海流是海水的主要运动形式，既是海水交换的主要动力，也是污染物质扩散和输运的主要因子。海水中的化学自净作用主要是通过氧化还原、分解转化等化学过程表现出来的，其中氧化还原反应起重要作用。水体中的氧化剂含量越高，对化学自净作用贡献就越大，自净效果就会越好，反之则会导致水体质量下降，水体恶化。生物自净能力相对较弱一些，它是一个与物理、化学自净过程同时发生又相互影响的过程。因此，海水自净能力的强弱很大程度上取决于该海域物理、化学自净能力的强弱。本书提到的海水自净能力仅考虑海水的物理自净能力，即提高海水的流动速度和流动量达到降低污染物浓度的目的。对于半封闭港池提高海水自净能力的有效途径就是提高港池内外的水体交换量和港池水体的流动速度。

1.3 研究方法和手段

对港池水环境问题的实验研究可分为原型观测和模拟实验两种。原型观测由于是对原型实体的测量，因此精度高、直观性好，但仅能应用于客观存在的情况，而不能完全用来预报水环境的变化结果。试验模型分为物理模型和数值模拟两种。物理模型即常用的比尺模型，其发展已有100多年的历史，现在已渐趋完善，但物理模型受制因素较多，如时间尺度、空间尺度、科氏力作用、风场模拟等，并需要大量人力物力的投入。随着计算机技术和数值模拟技术的不断发展，加之相关理论和实验成果的积累不断丰富，使得数值模型得到更多的发展和应用。数值模型并不是直接从物理运动机理出发，而是发挥数理方程的作用，即预先将运动的时间和空间离散，再将数理方程在某离散时空点上离散为与其相邻点相关的代数关系式，选择有效的数值方法求得该时空点上相关物理量的值，随着时间的推进和空间的扫描，获得物理量的时空分布。显然，上述求解过程的计算量一般不是人力所能胜任的，必须依靠计算机来实现。

研究水环境问题的数值模型包括水流模型和水质模型。关于水流模型的求解和分类已有较多文献进行介绍，可参见文献[50]，在此不再赘述。水质模型是指对污染物在水环境中因物理、化学、生化等作用而发生的规律及影响因素之间相互关系的数学描述，是定量描述污染物在水体中迁移转化规律的数学方程。水质模型的研究是环境影响评价、环境规划、环境管理和水污染综合防治等的重要基础和前提。建立一个符合客观实际的水质模型，首先必须对污染物在水体中的迁移转化过程进行充分的认识。污染物在水体中随水流动时，通过物理、化学和生化作用，发生不同的迁移转化过程，这些过程与水流运动特性、水体的溶解氧状况以及污染物特性等多种因素有关。排入水体后的污染物随水流的对流运动而产生输移，在输移过程中由于水流的紊动扩散及纵向离散使污染物逐渐趋向于均匀混合。污染物除水流运动的对流、扩散、分散的迁移过程外，还有在不同环境下(好氧、缺氧、厌氧等)所发生的BOD降解、氮化物的硝化反应和反硝化反应、底泥冲刷沉降、底泥释放、大气复氧、底泥耗氧等多种复杂的迁移转化过程。这些过程除受环境条件影响外，还与污染物的类型和性质有关，不同类型的污染物在水体中的迁移转化过程具有不同的特点，但其在水流中的对流、扩散以及分散的物理过程基本上是相同的。

水质模型的分类方法很多，通常可以按模型的时间相关性、空间维数、数学方程的特征和确定状态等对水质模型进行分类。按模型中是否包含时间变量分为稳态模型和动态模型，即当水流运动要素和系统的输入都不随时间变化时，这种模型称为稳态模型；当水流为非恒定流，不管输入是否随时间变化，系统内物质都随时间变化，这种模型称为动态模型。按污染物在水体中的迁移转化过程可分为移流模型、扩散模型和移流扩散模型，水环境中物质的输移包括随流输移和扩散两个主要过程，当移流作用占绝对优势时，模型中可不记扩散作用，这样建立的模型为移流模型；反之当模型中移流项忽略不记，只考虑扩散作用时，则为扩散模型；若移流作用和扩散作用都不能忽略，则模型称为移流扩散模型。按反应动力学的性质可分为纯输移模型、输移模型、纯反应模型以及生态模型。当系统内物质为不随时间衰减的保守物质，只随水流作机械运动，这种模型称为纯输移模型；当系统内物质为非保守物质，水体基本上静止，物质只发生化学反应的模型称为纯反应模型；当系统内的物质为非保守物质，水体处于运动状态，物质既有输移又有生化反应的模型称为输移模型；而生态模型则是含有生物生长过程的模型，不仅要描述生物过程，还要描述水的输移现象及其水质要素的变化。

天然水体是三维流动的，因此数学模型常需以三维形式模拟才能更全面地反映水流运动的基本特性，但这样做却十分复杂。迄今为止，三维水流模型的数值求解尚存在一定的困难，体现在控制方程非线性的存在、涡黏系数的确定等方面。在具体的数值模型中，常需做一些假定，如 Boussinesq 近似、Boussinesq 假定、静水压强假定以及刚盖假定等。通过不同假定建立的三维模型得到计算的结果也不尽相同。污染物在水体中的输移扩散过程也应是三维的，在水流垂向运动剧烈的水域表现得尤为显著。在港池口门附近水域，潮流受口门两侧港工建筑物的压缩作用，垂向上流速分布不再呈抛物线或对数分布，可能会出现表层和底层方向相反的流速分布，污染物在垂线上的输移也会表现为底表层的相反方向。这些都是平面二维数学模型难以反映的现象和特点，因此对于三维的水流污染物扩散数学模型的研究是十分必要的。

数值模型是研究港湾水交换问题的有效方法，常用的模式有三种：一是箱式模型，二是质点追踪模型，三是水质模型。箱式模型结构相对简单，易于建立，但此种模型不能描述水交换的时空结构，难以周全考虑诸如混合系数和潮量变化等参数，并且箱式模型往往会过高估计研究海域的水交换能力。质点追踪模型可用于描述每个释放水质点的平流路径，多用来研究污染分担问题，而质点追踪模型最大的缺陷是忽略了水体污染物的扩散过程。水质模型则全面考虑了水流和污染物的平流和扩散过程，物理过程完备，但其模拟过程较为复杂和繁琐。因此以上 3 种方式结合使用可以有效提高港湾水环境问题的数值模拟效率。需要注意的是，数值模型研究需要有观察资料来校验，目前港湾的水流观测资料较多可以满足水流模型验证，而水质观测资料普遍较少，不能为水质模型提供有力证据，这也是以后应该重视和加强的方面。

本书将对概化的和两个具体的半封闭港池水交换问题进行模拟计算，因此采用数值模型方法比较适宜，主要通过水质模型模拟出港池示踪剂浓度的变化来反映港池水交换能力的程度。本次研究重点讨论了港口工程平面布局方式对港池内外水交换、污染物扩散在平面上的变化，由于目前港湾水面开阔、平面上的对流扩散占主要作用，因此在本文的水质模型中采用平面二维数学模型。在具体的水质模型中，水中污染物的化学和生化降解等作用虽然必不可少，但为了比较水流对不同类型港湾水域污染物的输移扩散作用，在本次研究过程中不考虑化学和生化等对水中污染物的降解作用以及污染物在岸壁、水中颗粒的吸附作用，仅考虑污染物在水体中随流输移扩散的物理作用。综合以上因素考虑，本次研究将采用平面二维潮流结合模拟保守性溶剂的移流扩散的水质数学模型。

1.4 几个关键问题

人工港湾的平面布局方式使港池内外水体交换不畅，由此产生了港湾水域的水环境问题。水动力环境是影响水环境问题的直接因素，通过认识研究水域的水动力条件的强弱，如潮汐、潮流、波浪等动力，来设计港池的平面布局方式，采用分区计算港池水体交换率的方式来反映港池水体交换的综合能力，并对初步设计的港池布局方式进行优化，以提高港池内交换率最弱水域的水体交换能力，做到尽可能地提高该水域水体的自净能力。

1.4.1 水体交换率

水体交换率是衡量一个海湾水交换能力的重要指标，不同时期不同阶段会有不同的计算方式。箱式模型简单实用，可以方便快捷地估算出一个海湾或港池的水交换能力，但不能反映内部各水域的水交换能力。水环境数学模型可以模拟水中污染物在水流运动中的输移扩散作用，通过各水域污染物浓度的变化来反映水体的交换能力，但建模计算过程相对较为繁琐。因此可根据不同的港湾类型、不同的研究目标来制定相应的研究水体交换率的方法。

水体交换率反映了整个港湾的水交换能力，简单地通过计算港池口门的进出水量所占港湾水体容积的比率是不够的，要根据港池的部位和不同的功能区对港池水域进行分区研究，根据不同水域计算出的水交换率来制定不同的治理措施。

1.4.2 潮型组合

在港池的工程泥沙问题研究中，大潮潮型被认为是造成泥沙淤积最为严重的潮型。在水环境问题研究中，小潮潮型则被认为是对港池污染最为不利的潮型，这是由于小潮过程中的潮流流速较小，港池内的污染物随流输移速度较慢，因此可能会长期滞留在港池水域。潮流具有往复性流动的特点，在潮流较强的大潮过程中，即使港池内的污染物被落潮流带走，也可能在涨潮过程中随涨潮流重新进入港池，对港池造成二次污染[51]。从港池水环境的长期治理和发展来看，在模拟研究港池污染物的输移扩散过程中，不能只把小潮或大潮作为控制潮型，可根据该海域的实际潮位过程线采用大、中、小潮三种潮型的适当组合来作为研究水环境长期变化的控制潮型。

从数学模型模拟出的水质点运移轨迹也可以看出，在单一潮型过程中，水质点运移的净路径很短，甚至徘徊不前，而在多种潮型组合下，水质点则会沿着某一方向输移，产生净位移[52]。因此，只有通过合理搭配大、中、小潮过程，才能较真实地模拟出港池水域污染物的输移和扩散过程。

1.4.3 平面布置方式

港池的平面布局方式多受海域当地的地形地理和地质条件决定，在设计阶段大多是考虑工程海域波浪影响以及建港后的泥沙回淤等因素。而港工建筑物的建设与布置,又往往会使海湾原有的自然动力地貌发生改变从而影响到海湾的生态环境状况及水体的净化机制,特别是对于具有纳污功能的海湾,这种影响将会更加明显。港工建筑物首先改变了工程水域的局部水动力条件,如潮流在通过港池口门两侧的防波堤时,会在防波堤后方形成局部回流区。据文献[47]研究表明,回流区对污染物质的迁移扩散有明显的不利影响,污染物质极易滞留在回流区内,造成港池水质恶化。在规划与设计港口突堤时,应尽量避免回流现象的产生,使潮流能够较为平顺地通过港池口门。径流作用形成的回流多呈单向,而潮汐作用下形成的回流大都具有双向性。在近岸尤其是人工口岸,潮流运动在港工建筑物作用下常形成回流或旋涡等现象,回流的作用改变了近岸水域的弱流环境,近岸排入的污染源可在回流作用下流入外海。在深圳湾蛇口港太子湾片区填海工程的水动力环境模型研究中[53],采用物理模型模拟了太子湾片区填海工程前后的流态变化(图1.7),填海工程形成的回流现象与工程前相比十分显著,近岸的弱流环境得到改善;水质试验结果表明,在由工程形成的回流作用下,附近游艇码头水域的水质状况得到明显改善。由上可见,近岸形成的回流在一定程度上可以起到改善近岸水域水质状况的作用。对于半封闭的港池,潮流在港池口门水域经常会形成回流,回流可以改变港池内的弱流环境,潮流的往复性也有利于港池内污染物的输移和扩散。究竟回流作用对港池水质状况的改善是否有利,这将是本书的一个重要研究内容。

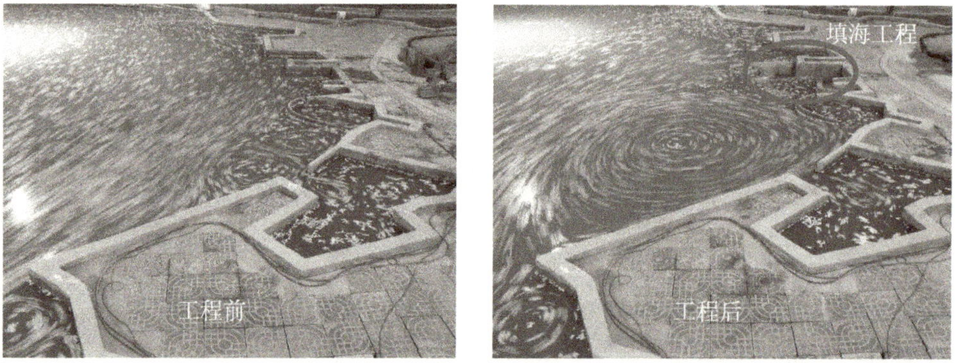

图1.7 太子湾工程前后涨急流态变化

在港池设计的初期阶段，港工布局方式要充分考虑港池口门与潮流流向的关系、港池口门宽度与港池容积的关系、港池的形状和大小以及港池内部不同港工建筑物的类型和尺寸等，这些因素对港池的水体交换率和污染物扩散速率的影响都比较突出，在后面的研究中将会重点讨论。

1.4.4 工程治理措施

港池的布局方式受诸多因素决定，最终选择的布局方式要由诸多因素中的制约因素决定。半封闭港池对防浪和减少泥沙回淤方面都是有利的，而在水交换方面是不利的，但是可以通过相应的工程治理措施来减少或避免该类工程水环境问题的产生和发展。港池根部水域的水体是最不易与外界水体交换的，也是污染物汇聚和水环境问题恶化的高发区，因此首先要对该水域采取工程措施进行水环境的治理。本书中的水污染治理仅是指增加污染水体与外界水体的交换量和通过提高污染水体的流动速度增加水体的自净能力。增加港池根部污染水体与外界水体交换量的方式通常有两种，一是在根部开渠，打通港池根部与外界水体交换的渠道；二是通过泵站对根部港池抽水，直接将污水从港池根部排出。相比较而言，根部开渠可以节省人力物力，一次投入，长期受益，但是根部开渠是否能成为港池根部与外界水体交换的渠道、起到预期的效果，需通过水环境数学模型来模拟根部开渠后的水流运动和污染物输移扩散方式，这也是本书研究工程治理措施的主要方法和手段。

1.5 本书研究内容和结构

随着半封闭港湾的建成和运行，由工程本身构成引发的水环境问题将会日益突出。港湾口门的缩窄阻碍了原有的潮流通道，港湾内外水体交换能力减弱，近岸或水上排放的污染物在港湾内长期积累，必将造成港池内水体污染加剧，对附近人类的生产和生活造成影响。解决水污染问题的有效途径是提高港湾内外的水体交换能力，对于港池根部难以交换的水体可采用根部开渠或泵站抽水的工程措施进行治理。本书将以水质数学模型为主要研究手段对概化的半封闭矩形港池以及2个具体的半封闭港池进行潮流运动和污染物扩散输移过程的模拟，寻求该类水交换问题产生的原因和解决方法，选择最佳的治理方法和途径。

第 1 章介绍了半封闭港池水交换问题产生的原因和特点，回顾了国内外相关的研究过程和方法，分析了采用数学模型研究水交换问题的优缺点，以及四个关键问题研究的必要性。

第 2 章重点介绍了水质模型的数值模拟方法，在河口海湾地区采用基于无结构网格有限体积法求解水流、水质数学模型的适用性，给出了数学模型中几个关键问题的处理方法，通过 2 个经典算例来验证模型求解方式的有效性，接着通过对伶仃洋潮流模型和深圳大铲湾水质模型进行验证，说明该数值模型具有一定的实用性。

第 3 章对一个概化的矩形半封闭港池进行潮流运动和污染物扩散输移的数值模拟，探讨矩形港池的长宽比和港池口门开度的关系，接着对潮型控制条件进行了探讨。

第 4 章对 2 个具体的半封闭港池水交换实例进行数值模拟。广州港南沙港区中部挖入式港池利用港池内外水域存在潮波相位差的条件，通过引渠方式有效增加了港池的水交换能力。

第 5 章作为结语部分对全书进行总结。

1.6 本书主要贡献点

(1) 在对实际河道海湾地形下的浅水方程数值模拟时，对于计算单元间界面数值通量时如果采用 Reo 格式的近似 Riemann 解形式，当对底坡源项处理不当时将会出现静水的虚假流动现象。本书采用特征分解法处理了浅水方程的底坡源项，并对该处理方式下浅水方程的平衡性进行了着重证明。

(2) 从提高半封闭矩形港池水交换的角度考虑，港池的长宽比是制约水交换率的一个重要因素，矩形港池口门存在最佳宽度，当港池长宽比较大时港池口门可以择宽选择，如果港池长宽比较小时则需适当减小港池口门的开度。

(3) 半封闭港池内外水域如果存在比较明显的潮波相位差，可采用开渠方式使港池内外水体通过水渠产生自然交换，达到改善港池水质状况的目的。在对广州港南沙港区中部挖入式港池的水交换问题研究中，发现港池水域与龙穴南水道存在较为明显的潮波相位差关系，通过连通港池与龙穴南水道的河涌可以使两者之间产生水体自然的交换，有效改善了挖入式港池的水质状况。

2 水质模型数值模拟

水质模型以水流模型为基础，叠加物质输运方程，定量地描述污染物在水体中的迁移转化规律。迄今为止，浅水方程的数值模拟技术已经比较成熟，现代浅水流动数值模拟的一个重要研究方向是利用齐次浅水方程和可压缩 Euler 方程在数学形式上的相似性，借鉴计算气体动力学中的高性能算法，研究具有守恒性、迎风性、单调性和大梯度高分辨率的浅水方程数值解法。本书采用的水环境数学模型是基于浅水方程进行求解的，求解分为两个过程，一是选用合适的网格对计算区域进行网格剖分，选择计算单元；二是采用恰当的计算方法对模型的控制方程进行离散，根据初边值条件以及相应的参数逐单元逐时刻地计算出各个网格单元上时间和空间的物理量分布。因此选用的离散网格和计算方法对数值模型求解的精确度和有效性非常重要。本书将采用基于无结构网格的有限体积法对水质模型进行数值求解。

2.1 有限体积法的回顾

在二维浅水波方程的数值模拟问题上，有限体积法(FVM)吸引了众多学者的目光，并取得了一系列成功。FVM 是将计算域划分成若干规则或非规则形状的单元或控制体。在计算出通过每个控制体边界法向输入输出的流量和动量通量后，对每个控制体分别进行水量和动量平衡计算，便得到计算时段末各控制体的平均水深和流速。FVM 正是对于推导原始微分方程所用控制体积方法的回归，与 FDM(有限差分法)和 FEM(有限单元法)的数值逼近相比，其物理意义更直接明晰。跨控制体间界面运输的通量，对相邻控制体来说大小相等，方向相反，故对整个计算域来说，沿所有内部边界的通量相互抵消。对由一个或多个控制体组成的任意区域，以致整个计算区域，都严格满足物理守恒定律，不存在守恒误差，且能正确计算间断。设计 FVM 格式的关键在于如何计算跨控制体界面的通量。FVM 能像 FEM 适用于任意的不规则网格，且着眼于控制体上的逼近，具有守恒性，处理效率与 FDM 相近，又远高于 FEM。因此，可以认为现代的 FVM 体现了 FEM 的集合灵活性，MOC 的精度和 FDM 的效率与守恒性，是经典 FVM 与这些方法的结合[54]。

FVM 格式最先在空气动力学研究中成熟，一些学者将该模式直接移植到不考虑底坡和摩阻作用的齐次浅水波方程，通常利用一些经典的间断流算例对格式进行验证，如溃坝问题、倾斜水跃问题等，却没有进一步研究格式在多变地形下的实际应用。Alcrudo 和 Garcia-Navarro[55]使用 Roe 型 Riemann 解算子，构造了基于 Godunov 型的 MUSCL-FVM 格式，并应用到急变无黏流动中，取得了满意的结果。Zhao 等[56-57]分别利用 3 种形式的 Riemann 解算子：通量向量分裂（Flux Vector Splitting，FVS）格式、通量差分裂（Flux Difference Splitting，FDS）格式、按特征分解的 Osher 格式，构造了基于无结构四边形网格的 FVM，并用来模拟间断问题，结果表明这 3 种一阶精度的格式既可以模拟渐变流，也可以模拟急流与间断流。Anastasiou 和 Chan[58]构造了无结构网格上的 Roe 型二阶精度迎风型 FVM 格式，成功地进行了包括二维溃坝问题在内的 5 种水力学数值实验。Hu[59]使用 Harten-Lax-Vanleer（HLL）Riemann 解算子，构造了 HLL 型 MUSCL-FVM 格式。Tseng[60]构造了一类高分辨、无振荡 Roe、TVD、ENO 的显式 FVM 格式，并应用于二维非恒定明渠急变流的计算中。Wang，Liu[61]利用修正—预报的 Lax-Friedrich 格式构造了一种混合型的 FVM 格式，接着二人[62]又利用二维溃坝问题和倾斜水跃问题，对 4 种无结构网格上的 FVM 格式：Roe-MUSCL、Roe-Upwind、HLL-MUSCL 以及混合格式的计算结果、计算速度和稳定性问题进行了讨论，得到 Roe-MUSCL 和 Roe-Upwind 格式的计算结果类似，虽然二者效率比混合格式稍低一些，但结果精度最高。Nelida 等[63]构造了 WENO-FVM 格式和中心 WENO-FVM 格式。

FVM 方法并不局限于对浅水方程的数值模拟，在水体污染物扩散和泥沙输运河床演变等方面也有了广阔的发展和应用。J. Murillo 等采用水流-水质耦合模型对二维溃坝模型和意大利 TOCE 河的水流和污染物扩散进行了模拟，得到了与物理模型相似的计算结果[64-65]。赵棣华采用通量分裂格式建立了水流水质模型对长江江苏靖江段的水质及污染带进行了模拟[66]，通过基于有限体积及 FDS 格式的感潮河段二维泥沙冲淤模型对木兰溪下游河段的潮流泥沙及河床变形进行了模拟和预测[67]。王嘉松将组合 TVD 格式应用于守恒型的浅水方程和污染物扩散方程，通过溃坝水流、明渠突扩流和污染物输运计算的经典算例证明了模型的有效性[68]。施勇等将悬沙与床沙交换及分组挟沙力计算模式引入二维水沙运动方程组的数值计算格式，形成高精度、守恒性好的二维水沙有限体积法，并对潭江漳州河段的水沙输运和河床变形进行了数值模拟[69]，对感潮河段的一维水沙的非恒定运动也进行了数值模拟[70]。王志力在二维任意多边形有限体积水流模型的基础上，通过无插值的通量重构和引入限制因子建立了标量输运的高精度无数值震荡数学模型，并对瓯江河口的盐度输运进行了模拟[71]。

从浅水方程的发展来看，经历了从一维到二维再到三维[72-7]的发展过程，在实际应用中以二维情况较多。在二维浅水方程中结合物质输运方程构成水环境模型，对物质输运方程的求解方式可采用类似浅水方程界面通量计算方法进行数值求解。在水流和水质(泥沙)模型数值求解过程中，有耦合方式和分开计算两种模式，J. Murillo 和赵棣华等采用水流和水质同时计算，而王嘉松和王志力等则采用先计算水流后计算水质的方式，两种方式各有利弊。物质输运方程与水流运动方程在形式上比较相似，在单元间界面数值通量计算方式上可借鉴水流数值通量的计算形式，采用水流水质同时计算的耦合格式是比较方便的。因此本书也将采用水流-水质耦合的方式对水环境模型进行数值求解。

2.2 网格类型

将计算区域进行网格离散化是计算流体力学和计算水力学成功实现数值模拟的基础和必要过程，网格质量的好坏将直接影响到计算结果的收敛及精度。网格生成的实质是物理求解域与计算求解域的转换，在求解具有复杂几何形状的流场时，适当的网格生成是一个十分关键的问题。从网格的格式和发展来看，分为有结构网格和无结构网格两大类。

2.2.1 有结

有结构网具有一定分布特征，可以用相应的行列关系来描述的网格。常用的有矩形线网格等。有结构网格的生成和安排是有序的和按一定结构排列的，便数据结构，程序设计简单，适合于求解区域有几何规律和求解模型比较均，处理效率较高。主要缺点是把计算域概化成锯齿形边界，对边界概化过边界计算值过于粗糙，陆地边界附近会出现虚假的曲折水流。但由于网格便，该方法在早期得到了大量使用。

为了使计算域边界贴合，有时采用贴体（边界拟合）的正交曲线网格。在求解区曲线网格，使得网格曲线与求解区域的边界重合，然后利用坐标变换将复解域变换到规则的计算空间内，在规则计算域上离散求解变换后的控制方得到的解投影至原区域得到数值解。然而正交曲线网格受制于边界的几，对于有着复杂边界的区域，如海湾地区的岛屿等，很难生成完全正交的曲，而且变换后的方程形式比较复杂，掺杂有网格变换因子等参数，给方程求来一定难度，计算量增加，这也是正交曲线网格在实际工程水沙计算中应用的性。

2.2.2 结构网格

无化网格，是指在网格系统中节点的编号命名没有一定的规则，甚至是完全随意而且每一个节点的邻点个数也不是固定不变的。与结构化网格中节点排列有每个节点和邻点的关系固定不变的这种结构严密的情况相比，非结构化网格表出不规则、无序的特点。无结构网格具有复杂区域适应性好、局部加密灵活和便自适应的优点，能很好地模拟自然边界及复杂的水下地形，提高边界模拟精度，对结构化网格而言是很难实现的，因此无结构网格在河流和近海区域的流动拟计算中得到了越来越广泛的应用，二维无结构网格的生成技术已经趋于成熟

结构网格也有自身的缺点，在结构化网格中比较成熟的高阶格式难以直接借鉴提高精度和简化算法仍然是无结构网格数值求解的主要研究方向。常见基于无结构化网格数值算法的精度一般是一阶的，最高二阶，这是因为节点位置和节

点周围单元的任意性增大了在无结构网格上进行高阶格式重构的难度，将一维重构技术推广到二维无结构网格，很大程度依赖于单元之间的相互关联。对于水流计算而言，采用一阶格式完全能满足工程精度要求，但要处理污染物或泥沙的输移问题时，由于一阶格式存在较大的数值耗散，在物理量梯度变化较大的情况下，易导致计算结果失真，因此有必要研究无结构网格下的高阶计算格式。

离散平面计算域最早使用的直角坐标系下的矩形网格是最常用的有结构网格，但计算域不一定是矩形，如图 2.1 所示。这种网格容易确定网格单元间的相邻关系，也有利于用差分逼近导数。有结构网格的安排是有序和规则的，不可避免会出现网格该密的不密，该疏的不疏的情况，无法满足工程研究需要。另外在贴体坐标下的结构网格中，有时要生成有一定次序的网格是非常困难的，以致于网格的几何形状及正交性不能得到保证。而非结构化网格(如三角形和四边形)则可以较好地解决这个问题，它可以很方便地剖分任意形状的区域(图 2.2)。

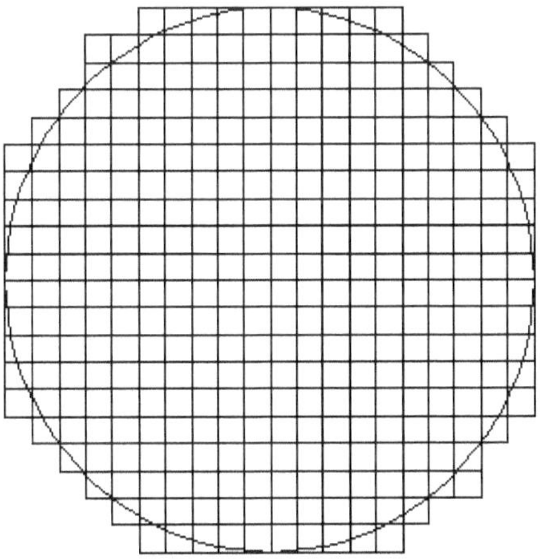

图 2.1　圆形区域的有结构网格示意图

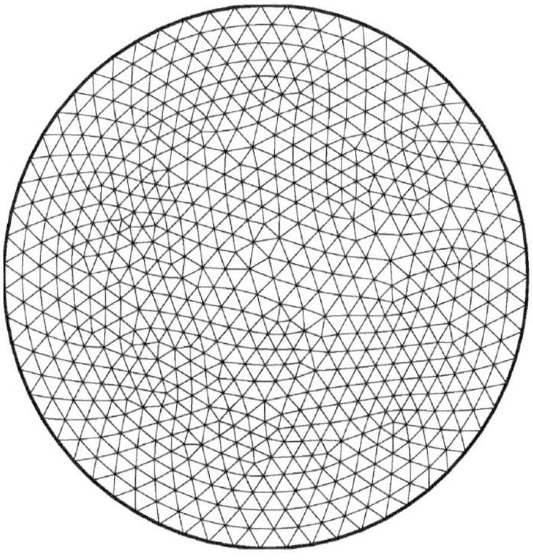

图 2.2　圆形区域的无结构网格示意图

目前最主要的无结构网格生成方法包括前沿推进法和 Delaunay 三角剖分方法[74-78]。前沿推进法首先对边界进行剖分，产生边界节点，再从边界向内找点构成三角单元并形成初始的推进面(Front)，然后使推进面向区域内部推进，每生成一次单元，边界曲线所围成的区域面积就减少一次，当前的推进面也向内推进一步。前沿推进法的优点是思路明了，效率高，生成的三角形网格形状较好，并能保持计算边界的形状；缺点是不能适应局部要求加密的情况。Delaunay 三角剖分方法是在区域内预先分布节点，根据单元外接圆内不包含其他点的准则来生成三角形网格，其优点是三角形可较好地保持等边三角形，而且它的网格控制机理是面向整个剖分区域的，可以在网格的任意局部插入新的节点，再做新的网格剖分，实现网格局部加密的目的；缺点是无法精确保持边界形状，剖分后需要进行光滑过程。Delaunay 三角剖分的公开源代码可以参考 EasyMesh 程序[79]。无结构网格的生成已经有大量的商业化软件可供利用，如 Gambit、SMS、ANYSIS 等，可以很方便地在任何复杂区域生成高质量的三角形或四边形网格。本书的无结构网格均采用软件 SMS 生成。

2.3 模型数值求解

2.3.1 控制方程

在平面尺度远大于垂直尺度的情况下，可用平面二维浅水方程描述计算水域的水流运动。考虑到水流紊动因素和污染物扩散的影响，水质数学模型的控制方程采用守恒型向量形式可表示为：

$$\frac{\partial U}{\partial t}+\nabla E=S+\nabla E^{d} \tag{2.1}$$

这里 $U=(d,du,dv,d\phi)^{T}$，d 为全水深 $d=h+\eta$（h 为水平面以下水深；η 为水面波动，关系见图 2.3）。

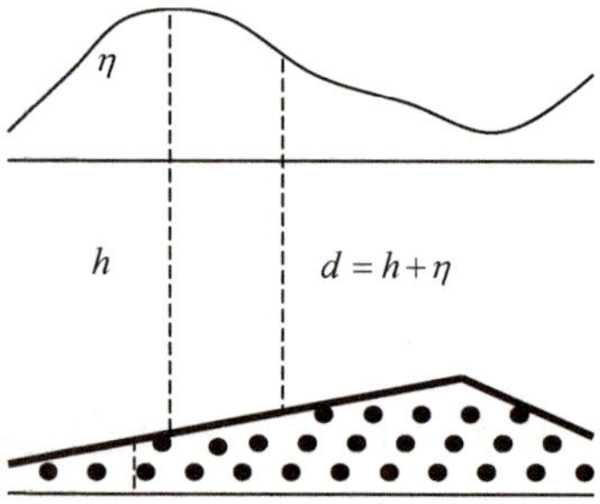

图 2.3 水深相关量示意图

$$E=(F,G),\text{其中 } F=\begin{pmatrix} du \\ du^2+gh^2/2 \\ duv \\ du\phi \end{pmatrix},G=\begin{pmatrix} dv \\ duv \\ dv^2+gh^2/2 \\ dv\phi \end{pmatrix} \tag{2.2}$$

式中：u,v 分别表示 x,y 方向的流速；ϕ 为污染物的浓度。

水流运动方程的紊动扩散项和污染物扩散项表示为：

$$E^d=(F^d,G^d),\text{其中 } F^d=\begin{pmatrix} 0 \\ \varepsilon_x d\partial u/\partial x \\ \varepsilon_x d\partial v/\partial x \\ k_x d\partial\phi/\partial x \end{pmatrix},G^d=\begin{pmatrix} 0 \\ \varepsilon_y d\partial u/\partial y \\ \varepsilon_y d\partial v/\partial y \\ k_y d\partial\phi/\partial y \end{pmatrix} \tag{2.3}$$

式中：ε_x、ε_y 分别为 x、y 方向的水流涡黏系数，这里取各向同性，即 $\varepsilon_x=\varepsilon_y=\varepsilon$，可表示为 $\varepsilon=kdU_*$，其中 U_* 为摩阻流速，可表示为 $U_*=\dfrac{n\sqrt{g(u^2+v^2)}}{d^{1/6}}$。

对于污染物的扩散系数，参考国内外通用的做法，根据 Elder 经验公式有[80]：

$$k_x=5.93\sqrt{g}n|u|d^{1/6}$$

$$k_y=5.93\sqrt{g}n|v|d^{1/6}$$

$$\text{源项 } S \text{ 表示如下：}S=S_0+S_f=\begin{pmatrix} 0 \\ gd(S_{0x}+S_{fx})+fv \\ gd(S_{0y}+S_{fy})-fu \\ -k_1d\phi+Rd \end{pmatrix} \tag{2.4}$$

式中：S_{0x}、S_{0y} 分别是 x、y 方向的倾斜效应项即河床底部高程变化；$S_{0x}=-\partial z_b/x$，$S_{0y}=-\partial z_b/y$，z_b 为河床底面高程；S_{fx}，S_{fy} 则是 x、y 方向的底摩擦效应项，$S_{fx}=-\dfrac{n^2u\sqrt{u^2+v^2}}{d^{4/3}}$，$S_{fy}=-\dfrac{n^2v\sqrt{u^2+v^2}}{d^{4/3}}$，其中 n 为曼宁系数，f 为柯氏系数，$f=2\omega\sin\phi_0$，ω 表示地转速度，ϕ_0 为当地地理纬度；R 为单位时间、单位体积的源和汇项；k_1 为污染物的衰减系数，在对保守性物质扩散模拟中可认为 $k_1=0$。

2.3.2 模型求解基本过程

为了实现和计算上的方便，统一采用三角形单元对计算区域进行离散，并将单一的网格单元作为控制元，物理变量配置在每个单元的中心。

将第 i 号控制元记为 Ω_i，在 Ω_i 上对向量式的基本方程组(2.1)进行积分，并利用 Green 公式将面积分化为线积分，得

$$\frac{\partial}{\partial t}\int_{\Omega_i} U d\Omega_i + \oint_{\partial\Omega_i} (E \cdot \vec{n}_i - E^d \cdot \vec{n}_i) dl = \int_{\Omega_i} S d\Omega_i \tag{2.5}$$

式中：$d\Omega_i$ 是面积分微元；dl 是线积分微元；$\vec{n}_i = (n_{ix}, n_{iy}) = (\cos\theta, \sin\theta)$，$n_{ix}$ 和 n_{iy} 分别代表第 i 号控制元边界单位外法向向量 x、y 方向的分量。

沿单元边界线积分可以表示为三角形各边积分之和：

$$\oint_{\partial\Omega_i} (E \cdot \vec{n}_i - E^d \cdot \vec{n}_i) dl = \sum_{k=1}^{3} (E_k \cdot n_k - E_k^d \cdot n_k) \cdot l_k \tag{2.6}$$

式中：k 表示三角形单元边的序号；$E_k \cdot n_k$ 和 $E_k^d \cdot n_k$ 分别表示第 k 条边的对流项和紊动项的外法线数值通量；l_k 为三角形第 k 条边的边长。

式(2.5)的求解分为 3 个部分，一是对流项的数值通量求解，二是紊动项的求解，三是源项中底坡项的处理。对流项基面数值通量的求解格式有多种，Roe 格式是常用的一种[99]，这里采用 Roe 格式的近似 Riemann 解。

(1) 对流项界面数值通量

求解三角单元某边(如图 2.4 中单元 i 和 j 的交界边 l，R 和 L 分别表示边 l 两侧)通过的对流项数值通量可采用 Roe 格式的近似 Riemann 解，计算形式如下[81-82]：

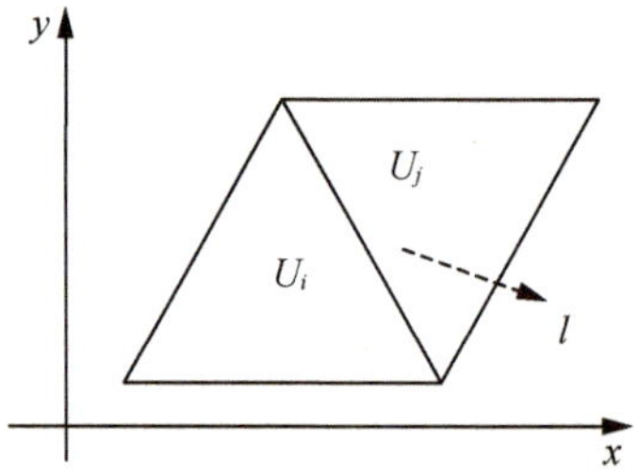

图 2.4 左右单元关系示意图

$$E\cdot n=\frac{1}{2}\left[(E\cdot n)_R+(E\cdot n)_L-\Delta E^*\right] \tag{2.7}$$

$(E\cdot n)_R$ 和$(E\cdot n)_L$ 分别为交界面两侧的数值通量,表示为:

$$(E\cdot n)_L=\begin{bmatrix} d_L(q_L\cdot n) \\ u_L d_L(q_L\cdot n)+\frac{1}{2}gd_L^2 n_x \\ v_L d_L(q_L\cdot n)+\frac{1}{2}gd_L^2 n_y \\ \phi_L d_L(q_L\cdot n) \end{bmatrix},q_L\cdot n=u_L n_x+v_L n_y$$

$$(E\cdot n)_R=\begin{bmatrix} d_R(q_R\cdot n) \\ u_R d_R(q_R\cdot n)+\frac{1}{2}gd_R^2 n_x \\ v_R d_R(q_R\cdot n)+\frac{1}{2}gd_R^2 n_y \\ \phi_R d_R(q_R\cdot n) \end{bmatrix},q_R\cdot n=u_R n_x+v_R n_y$$

ΔE^* 为两侧通量的修正值,表示为:

$$\Delta E^* = \sum_{k=1}^{4}\alpha_k|\lambda_k|e_k \tag{2.8}$$

这里 λ_k 和 $e_k(k=1,2,3,4)$分别为对流项特征矩阵 $\mathbf{A}$ 的特征值和特征向量,满足 $\Delta E^*=A\Delta U$。

矩阵形式如下:

$$\mathbf{A}=\frac{\partial(E\cdot n)}{\partial U}=\begin{bmatrix} 0 & n_x & n_y & 0 \\ (\tilde{c}^2-\tilde{u}^2)n_x-\tilde{u}\tilde{v}n_y & 2\tilde{u}n_x+\tilde{v}n_y & \tilde{u}n_y & 0 \\ -\tilde{u}\tilde{v}n_x+(\tilde{c}^2-\tilde{u}^2)n_y & \tilde{v}n_x & \tilde{u}n_x+2\tilde{v}n_y & 0 \\ -(\tilde{u}n_x+\tilde{v}n_y)\tilde{\phi} & \tilde{\phi}n_x & \tilde{\phi}n_y & \tilde{u}n_x+\tilde{v}n_y \end{bmatrix}$$

矩阵中的 $\tilde{u}$、$\tilde{v}$ 和 $\tilde{c}$ 以及 $\tilde{\phi}$ 分别采用质量加权平均计算[83],表达式如下:

$$\tilde{u}=\frac{u_R\sqrt{d_R}+u_L\sqrt{d_L}}{\sqrt{d_R}+\sqrt{d_L}},\tilde{v}=\frac{v_R\sqrt{d_R}+v_L\sqrt{d_L}}{\sqrt{d_R}+\sqrt{d_L}}$$

$$\tilde{\phi}=\frac{\phi_R\sqrt{d_R}+\phi_L\sqrt{d_L}}{\sqrt{d_R}+\sqrt{d_L}},\tilde{c}=\sqrt{\frac{g(d_R+d_I)}{2}}$$

矩阵 **A** 的特征值为：$\lambda_1=\tilde{u}n_x+\tilde{v}n_y+\tilde{c}$

$$\lambda_2=\tilde{u}n_x+\tilde{v}n_y$$

$$\lambda_3=\tilde{u}n_x+\tilde{v}n_y-\tilde{c}$$

$$\lambda_4=\tilde{u}n_x+\tilde{v}n_y$$

对应的特征向量为：

$$e_1=\begin{pmatrix}1\\ \tilde{u}+\tilde{c}n_x\\ \tilde{v}+\tilde{c}n_y\\ \tilde{\phi}\end{pmatrix},e_2=\begin{pmatrix}0\\ -\tilde{c}n_y\\ \tilde{c}n_x\\ 0\end{pmatrix},e_3=\begin{pmatrix}1\\ \tilde{u}-\tilde{c}n_x\\ \tilde{v}-\tilde{c}n_y\\ \tilde{\phi}\end{pmatrix},e_4=\begin{pmatrix}0\\ 0\\ 0\\ 1\end{pmatrix}$$

各项相应系数分别为：

$$\alpha_{1,3}=\frac{\Delta d}{2}\pm\frac{1}{2\tilde{c}}[\Delta(du)n_x+\Delta(dv)n_y-(\tilde{u}n_x+\tilde{v}n_y)\Delta d]$$

$$\alpha_2=\frac{1}{\tilde{c}}\{[\Delta(dv)-\tilde{v}\Delta d]n_x-[\Delta(du)-\tilde{u}\Delta d]n_y\}$$

$$\alpha_4=\Delta(d\phi)-\tilde{\phi}\Delta d$$

式中：Δd、$\Delta(du)$、$\Delta(dv)$、$\Delta(d\phi)$满足 $\Delta(\cdot)$形式，$\Delta(\cdot)$的计算格式为 $\Delta(\cdot)=(\cdot)_R-(\cdot)_L$

(2) 紊动项数值通量计算

紊动黏性项中含有偏微分二次项，将计算单元面积分转化为沿单元边界的线积分后仍含有一次微分项，这是紊动黏性项在浅水方程求解过程中不易处理的主要原因之一。本书采用单元交界面的平均值计算通过该界面紊动黏性项的数值通量，对于一次微分项则采用类似有限元的方法处理，从而实现含有紊动黏性项浅水方程的数值求解。这样处理的好处在于处理方式简单、提高计算效率和保持计算精度[84]。

$$E^d\cdot n=\frac{1}{2}[(E^d\cdot n)_R+(E^d\cdot n)_L] \tag{2.9}$$

其中 $$E^d\cdot n=F^d\cdot n_x+G^d\cdot n_y=\begin{pmatrix}0\\ \varepsilon_x d\partial u/\partial x\\ \varepsilon_x d\partial v/\partial x\\ k_x d\partial\phi/\partial x\end{pmatrix}\cdot n_x+\begin{pmatrix}0\\ \varepsilon_y d\partial u/\partial y\\ \varepsilon_y d\partial v/\partial y\\ k_y d\partial\phi/\partial y\end{pmatrix}\cdot n_y \tag{2.10}$$

对于上式中的偏导数可用如下方式求解：

$$\left(\frac{\partial c}{\partial x}\right)_i = \frac{1}{A_i}\int_A \frac{\partial c}{\partial x} dA = \frac{\overline{c_1}\Delta y_1 + \overline{c_2}\Delta y_2 + \overline{c_3}\Delta y_3}{A_i}$$

$$\left(\frac{\partial c}{\partial y}\right)_i = \frac{1}{A_i}\int_A \frac{\partial c}{\partial y} dA = \frac{\overline{c_1}\Delta x_1 + \overline{c_2}\Delta x_2 + \overline{c_3}\Delta x_3}{A_i}$$

这里：$\Delta y_1 = y_3 - y_2, \Delta x_1 = x_3 - x_2, \overline{c_1} = (c_1^L + c_1^R)/2$

$\Delta y_2 = y_1 - y_3, \Delta x_2 = x_1 - x_3, \overline{c_2} = (c_2^L + c_2^R)/2$

$\Delta y_3 = y_2 - y_1, \Delta x_3 = x_2 - x_1, \overline{c_3} = (c_3^L + c_3^R)/2$

计算单元物理量关系见图 2.5。

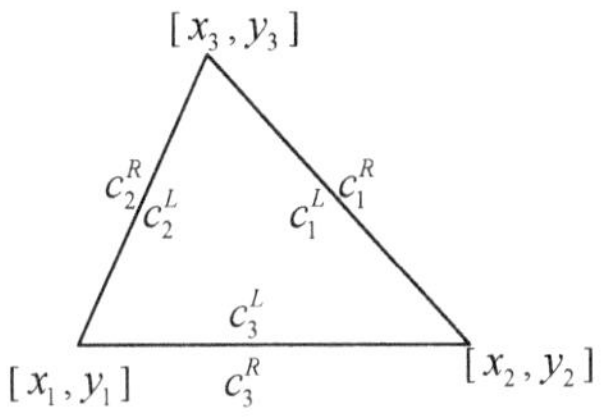

图 2.5　计算单元物理量关系

这里的 $\overline{c}$ 为界面两侧物理量的平均值。

水流黏性项计算格式可如：

$$\left(\varepsilon d\,\frac{\partial u}{\partial x}\right)_i \approx \varepsilon d_i\,\frac{\overline{u_1}\Delta y_1 + \overline{u_2}\Delta y_2 + \overline{u_3}\Delta y_3}{A_i} \tag{2.11}$$

污染物扩散项计算格式可如：

$$\left(kd\,\frac{\partial \phi}{\partial x}\right)_i \approx kd_i\,\frac{\overline{\phi_1}\Delta y_1 + \overline{\phi_2}\Delta y_2 + \overline{\phi_3}\Delta y_3}{A_i} \tag{2.12}$$

(3) 源项计算

源项可分解为底坡项和阻力项，即 $S=S_0+S_f$。

阻力项：$S_f=(0,-gdS_{fx},-gdS_{fy},Rd)^T$，该项可以直接求解。

底坡项：$S_0=(0,ghS_{0x},ghS_{0y},0)^T$，为保持求解格式的平衡性，采用类似对流项矩阵特征向量分解形式分裂底坡项，如下式：

$$S_0 = \sum_{k=1}^{4}\beta_k e_k \quad \text{其中 } \beta_1 = \frac{1}{2}\tilde{c}\Delta h, \beta_2 = 0, \beta_3 = -\frac{1}{2}\tilde{c}\Delta h, \beta_4 = 0$$

采用迎风格式处理平衡界面通量：

$$S_0 = \sum_{k=1}^{4} \frac{1}{2}(1 - sign(\lambda_k))\beta_k e_k \tag{2.13}$$

式中，$sign(x)$为符号函数。

将计算区域用三角形单元进行剖分，对每个三角形单元采用上述方式计算对流项、扩散项，底坡源项，结合求解水域的初始条件和边界条件，最终计算形式可表示如下：

$$\begin{aligned} U_i^{n+1} = U_i^n - \frac{\Delta t}{A_i}\Big(\sum_{m=1}^{3} \frac{1}{2}((E \cdot n)_L + (E \cdot n)_R \\ - \sum_{k=1}^{4}(\alpha_k |\lambda_k| - (1 - sign(\lambda_k))e_k))l_m)^n \\ - \frac{\Delta t}{A_i}\Big(\sum_{m=1}^{3} \frac{1}{2}((E^d \cdot n)_L + (E^d \cdot n)_R)l_m)^n + \Delta t(S_f)_i^n \end{aligned} \tag{2.14}$$

2.3.3 初边值条件

实际流体流动都存在混合初边值问题。初始条件一般设定为静水，所带来的误差随时间增加很快衰减。边界条件主要分为两类：陆地边界和开边界（水边界）。边界条件的好坏直接影响到计算的稳定性和结果的精度。

(1) 开边界

由已知状态 U_L 推求未知状态 U_R，分为急流开边界和缓流开边界，通常情况下为缓流状态边界。

① 水位边界

已知 D_L 和 D_R，通过黎曼不变量关系 $u_{nL} + 2C_L = u_{nR} + 2C_R$，可以求得 $u_{nR} = u_{nL} + 2(\sqrt{gD_L} - \sqrt{gD_R})$。$u_{nL}$ 和 u_{nR} 分别为左右单元的法向流速，C_L 和 C_R 为左右单元的静水波传播速度。

② 流速边界

已知 u_{nL} 和 u_{nR}，由黎曼不变量关系 $u_{nL} + 2C_L = u_{nR} + 2C_R$，可以求得 $D_R = \left(\frac{u_{nL} - u_{nR}}{2} + \sqrt{gD_L}\right)^2 / g$。

③ 流量边界

根据给定断面的总流量，按断面面积分配各边的流量，$Q_i=QA_i/A$，单宽流量为 $q_i=Q_i/L_i$，联立求解下列方程组：

$$\begin{cases} q_i=D_R \cdot u_{nR} \\ u_{nR}+2\sqrt{gD_R}=u_{nL}+2\sqrt{gD_L} \end{cases}$$

可以求得：$D_R=\left[(u_{nL}+2\sqrt{gD_L})-q_i/D_R\right]^2/4g$，给定 D_R 的初值，采用牛顿迭代法求解方程 $D_R=\left[(u_{nL}+2\sqrt{gD_L})-q_i/D_R\right]^2/4g$，求出 D_R 后，可求得 $u_{nR}=q_i/D_R$。

(2) 固边界

也称陆地边界，通常采用镜像法求解，设想边界外面存在一个对称的虚拟控制体，即 $D_R=D_L$，$u_{n,R}=-u_{n,L}$，$u_{\tau,R}=u_{\tau,L}$。其中 u_n，u_τ 分别代表单元法向和切向的流速。缺点就是将陆边界作为内部边界处理，利用静压假定但未作修正，适用于边界单元的流速近似与固壁平行的情况。若同时考虑壁面的摩擦阻力[85]，模型中将位于壁面处单元的摩阻项变为：

$$S_{fx}=-gdu\sqrt{u^2+v^2}\left(\frac{n_b^{3/2}}{d}+\frac{n_w^{3/2}L_k}{S_i}\right)^{4/3} \tag{2.15}$$

$$S_{fx}=-gdv\sqrt{u^2+v^2}\left(\frac{n_b^{3/2}}{d}+\frac{n_w^{3/2}L_k}{S_i}\right)^{4/3} \tag{2.16}$$

式中：n_b、n_w 分别为河床底部和边壁的糙率；S_i 为第 i 个单元的面积；L_k 为第 k 条边的长度，该边标识为固体边界。

污染物随水流运动的过程也同样存在上述两类边界。陆地边界采用保守物质通量为零的处理，保守性物质浓度的陆地边界条件为$\frac{\partial \phi}{\partial n}=0$。开边界按入流和出流两种情况处理。入流时，开边界处的保守性物质浓度为外海保守性物质的浓度，即 $\phi_R=\phi_L$；出流时，开边界的物质浓度由式$\frac{\partial \phi}{\partial t}+\frac{\partial (u\phi)}{\partial n}=0$ 求得。

2.3.4 动边界技术

在有限体积法的浅水模型中，基于 Riemann 格式建立的浅水水流数学模型在处理河道、海湾的动边界问题时，可以认为是 Riemann 问题中的干湿峰面（Wet/

Dry Fronts)的求解。干湿单元的变更,通常以一个判别水深 h_d(通常取 10^{-6} m)进行判别,大于这个水深的被认为是湿单元,小于的为干单元[86]。

Sleigh[87]在处理动边界时提出了限制水深的方法,把网格分为干、湿和半干 3 类。(1) 干网格:在 n 时刻,若网格水深 $h<h_1$,相邻单元的水深也小于 h_1,则没有流量和动量通过该公共边。如果所有相邻单元水深都小于 h_1,则该单元为干单元。通常限制水深 h_1 可以取为 0.000 1 m。(2) 半干网格:在 n 时刻,若 $h_1<h<h_2$,相邻单元的水深小于 h_2,则在相邻界面上只有流量通量而没有动量通量。通常限制水深 h_2 可以取为 0.000 5 m。(3) 湿网格:在 n 时刻,网格水深 $h>h_2$。Brufau. P 通过干湿单元间通量的计算认为对某些情况下可能出现不合实际情况的流动,通过单元间高程的适当修正可以满足浅水流动的连续性并提高计算的稳定性[88-89]。于普兵建立了斜底模型,认为基于 Riemann 格式建立的数值计算方法可直接用于干湿单元的通量计算,不会产生数值误差,但需选择合适的判别水深 h_d[90]。下文将通过干湿单元间的数值通量计算推导,来判断对于干湿单元转换时是否需要进行数值通量的特殊处理。

动边界处理技术要保证连续方程的守恒性以及数值计算的稳定性。以图 2.6 简化的左右单元为例,其中左单元为湿单元($d_L\neq0,u_L\neq0,v_L\neq0$),右单元为干单元($d_R=0,u_R=0,v_R=0$)。

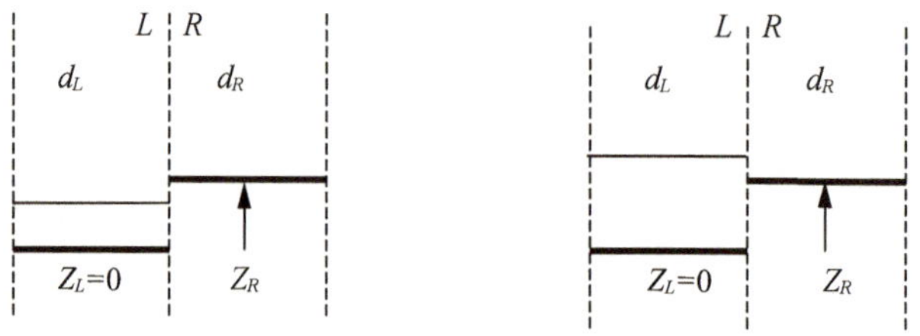

图 2.6 干湿单元交界面物理参量示意

根据上节推导,左右单元交界面处的流速表示为:

$$\tilde{u}=u_L,\tilde{v}=v_L,\tilde{c}=\sqrt{(g/2)d_L}$$

相应系数表示为:

$$\alpha_{1,3}=-\frac{d_L}{2},\alpha_2=\frac{1}{\tilde{c}}(d_Lv_Ln_x-d_Lu_Ln_y)$$

特征值为：

$$\lambda_1 = \tilde{u}n_x + \tilde{v}n_y + \tilde{c} = u_L n_x + v_L n_y + \sqrt{g d_L / 2}$$

$$\lambda_2 = \tilde{u}n_x + \tilde{v}n_y = u_L n_x + v_L n_y$$

$$\lambda_3 = \tilde{u}n_x + \tilde{v}n_y - \tilde{c} = u_L n_x + v_L n_y - \sqrt{g d_L / 2}$$

连续方程的离散格式可表示为：

$$\frac{d_L^{n+1} - d_L^n}{\Delta t} = -\frac{1}{A} \sum_{k=1}^{3} (E_k \cdot n_k - S_k) \cdot l_k \tag{2.17}$$

下面将分缓流和急流两种情况分别讨论：

（1）缓流

$$\tilde{u}n_x + \tilde{v}n_y < \tilde{c}$$

$$\lambda_1 > 0 \Rightarrow |\lambda_1| = \lambda_1$$

$$\lambda_3 < 0 \Rightarrow |\lambda_3| = -\lambda_3$$

该边界的数值通量表示为：

$$E \cdot n = \frac{1}{2}(F_R n_x + G_R n_y + F_L n_x + G_L n_y - \alpha_1 |\lambda_1| e_1 - \alpha_2 |\lambda_2| e_2 - \alpha_3 |\lambda_3| e_3)$$

对于连续方程，根据特征值、特征向量和相应系数可得到数值通量为：

$$(E \cdot n) = \frac{1}{2}[(du)_L n_x + (dv)_L n_y - \alpha_1 |\lambda_1| \cdot 1 - \alpha_2 |\lambda_2| \cdot 0 - \alpha_3 |\lambda_3| \cdot 1]$$

$$= \frac{1}{2}\left\{(du)_L n_x + (dv)_L n_y + (\tilde{u}n_x + \tilde{v}n_y + \tilde{c})\frac{d_L}{2} + [-(\tilde{u}n_x + \tilde{v}n_y) + \tilde{c}]\frac{d_L}{2}\right\}$$

$$= \frac{d_L}{2}(\tilde{u}n_x + \tilde{v}n_y + \tilde{c})$$

连续方程中的底坡源项表示为：

$$\frac{1}{2}[1 - sign(\lambda_1)]\beta_1 \cdot 1 + \frac{1}{2}[1 - sign(\lambda_2)]\beta_2 \cdot 0 + \frac{1}{2}[1 - sign(\lambda_3)]\beta_3 \cdot 1$$

$$= -\frac{1}{2}\tilde{c}\Delta h = -\frac{1}{2}\tilde{c} \cdot (h_R - h_L)$$

$$= \frac{1}{2}\tilde{c} \cdot (z_R - z_L)$$

因此，对流项和底坡源项对该交界面的作用表现为：

$$(E\cdot n-S)_{LR}=\frac{1}{2}[d_L(\tilde{u}n_x+\tilde{v}n_y+\tilde{c})-\tilde{c}(z_R-z_L)]$$

$$\begin{cases} =0 \quad if \quad (z_R-z_L)=d_L\left(1+\dfrac{\tilde{u}n_x+\tilde{v}n_y}{\tilde{c}}\right) \\ >0 \quad if \quad (z_R-z_L)<d_L\left(1+\dfrac{\tilde{u}n_x+\tilde{v}n_y}{\tilde{c}}\right) \\ <0 \quad if \quad (z_R-z_L)>d_L\left(1+\dfrac{\tilde{u}n_x+\tilde{v}n_y}{\tilde{c}}\right) \end{cases}$$

下面通过三种情况讨论左边湿单元的水深变化，交界边通量对连续方程的贡献表现为：

$$A\left(\frac{d_L^{n+1}-d_L^n}{\Delta t}\right)_{LR}=\frac{1}{2}[\tilde{c}(z_R-z_L)-d_L(\tilde{u}n_x+\tilde{v}n_y+\tilde{c})]$$

式中：A 为湿单元面积，L 为干湿单元交界边的边长。依据河床坡度变化分为三种情况：

① $(z_R-z_L)=(d_L)_{LR}\left(1+\dfrac{\tilde{u}n_x+\tilde{v}n_y}{\tilde{c}}\right)\Rightarrow(d_L^{n+1})_{LR}=(d_L^n)_{LR}$

湿单元水深不变，表明干湿单元间没有通量交换。

② $(z_R-z_L)<(d_L)_{LR}\left(1+\dfrac{\tilde{u}n_x+\tilde{v}n_y}{\tilde{c}}\right)\Rightarrow(d_L^{n+1})_{LR}<(d_L^n)_{LR}$

湿单元水深减小，可能成为干单元。

③ $(z_R-z_L)>(d_L)_{LR}\left(1+\dfrac{\tilde{u}n_x+\tilde{v}n_y}{\tilde{c}}\right)\Rightarrow(d_L^{n+1})_{LR}>(d_L^n)_{LR}$

湿单元水深增加，增加的水量来于干单元，而干单元是不存在水量的，表明此种情况是不可能实现的。为满足连续方程的守恒性，在该计算时间步长内可假定 $(z_R-z_L)=(d_L)_{LR}[1+(\tilde{u}n_x+\tilde{v}n_y)/\tilde{c}]$。

(2) 急流

$$\bar{u}nx+\bar{v}n_y>\bar{c}$$

此时：$\lambda^1>0\Rightarrow|\lambda^1|=\lambda^1$

$\lambda^3<0\Rightarrow|\lambda^3|=\lambda^3$

连续方程中干湿边界的数值通量表示为：

$$
\begin{aligned}
(E\cdot n)&=\frac{1}{2}[(du)_L n_x+(dv)_L n_y-\alpha_1|\lambda_1|\cdot 1-\alpha_2|\lambda_2|\cdot 0-\alpha_3|\lambda_3|\cdot 1]\\
&=\frac{1}{2}\left[(du)_L n_x+(dv)_L n_y+(\tilde{u}n_x+\tilde{v}n_y+\tilde{c})\frac{d_L}{2}+(\tilde{u}n_x+\tilde{v}n_y-\tilde{c})\frac{d_L}{2}\right]\\
&=d_L(\tilde{u}n_x+\tilde{v}n_y)
\end{aligned}
$$

交界边底坡源项表示为：

$$
\frac{1}{2}[1-sign(\lambda_1)]\beta_1\cdot 1+\frac{1}{2}[1-sign(\lambda_2)]\beta_2\cdot 0+\frac{1}{2}[1-sign(\lambda_3)]\beta_3\cdot 1
$$

$$
=\frac{1}{2}(1-1)\frac{1}{2}\tilde{c}\Delta h\cdot 1+\frac{1}{2}(1-1)\cdot 0\cdot 1-\frac{1}{2}(1-1)\frac{1}{2}\tilde{c}\Delta h\cdot 1=0
$$

底坡源项在交界边没有通量交换，在该种情形下对底坡项可以不做任何修改。此时$(E\cdot n-S)_{LR}=d_L(\tilde{u}n_x+\tilde{v}n_y)$，与干湿单元间底高程变化无关。

干湿单元的转换有两种，湿单元转为干单元或干单元转为湿单元。前者比较容易处理，当左侧单元的d_L^{n+1}小于临界水深h_d时可认为湿单元转换为干单元，并定义该单元的流速和污染物浓度均为零。当左侧单元的水深d_L^{n+1}大于干湿单元间的底高程差时，将会出现水流从左侧湿单元流向右侧干单元，此时可按两个单元面积对水量进行分配，左侧单元水深为$(z_R-z_L)+[d_L-(z_R-z_L)]A_L/(A_L+A_R)$，右侧单元水深为$[d_L-(z_R-z_L)]A_R/(A_L+A_R)$，干湿单元间水量的重新分配关系可见图2.7。若此时的水深大于临界水深的话，可认为右侧单元已由干单元转为湿单元，将在下个计算过程时段对该单元进行水流和污染物扩散数值通量的计算。

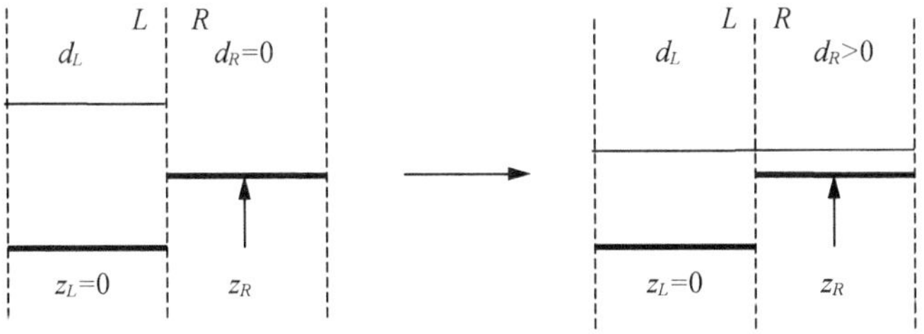

图 2.7　干湿单元水量分配

2.4 底坡源项的处理

在对实际水流的数值模拟过程中，河流和海湾的底部高程往往起伏不平，采用从空气动力学移植过来的算法往往会造成一些奇怪的现象，如静水的伪流现象等。于是，一些学者开始将一些 FVM 模型应用到具有复杂边界形状和水下地形的河口海岸地区的潮流、波浪计算中[91-93]。从 20 世纪 90 年代开始，我国的一些专家学者开始将 FVM 模型应用到浅水流动的数值模拟中。如谭维炎、胡四一等[94-98]将一系列基于 FVS、FDS、TVD、Osher、MUSCL 等格式的 FVM 应用于一、二维浅水流中的河渠明渠流、潮汐流场、弯包溢流、溃坝、涌潮、堰闸、漫滩和决堤流动的计算中，获得了满意的结果。陈祖华、王光谦、王志石[99]利用 Roe 型 MUSCL 方法的 FVM 对澳门周围水域的潮汐流动进行了数值模拟。潘存鸿采用 Godunov 格式对浅水的一维、二维方程结合浅水问题的动边界进行了研究[100-102]。王志力采用 Roe 格式的近似 Riemann 解计算界面通量，对地形变化源项采用特征分解平衡界面通量，保证了格式的和谐性[103]。张大伟利用 HLL 格式的近似 Riemann 解计算基面通量，对底坡源项采用分解法处理，通过对具有实际地形的溃坝水流数值的模拟验证了该方法的实用性[104]。李未从 Rogers[105]的方法出发，通过平衡量的方法修正浅水方程，在不改变系数矩阵的情况下求解浅水方程，有效消除了静水的虚假流动现象[106]。产生静水虚假流动现象的根本原因在于压力项与底坡源项的不平衡，本书将利用 Roe 格式的近似 Riemann 解求解浅水方程，参考文献[107－109]的做法，依据对流项特征向量分裂形式对底坡源项进行分裂，并对源项分裂格式下浅水方程的平衡性进行了证明，该方法可适用于天然情况下的具有多变地形的河流海湾的浅水流动。

为获得和谐、稳定、守恒的计算结果，对底坡源项 S_0 的处理非常重要，造成浅水方程不和谐的原因如图 2.8(a)、(b)所示，两图的区别在于如果水体最初处于静止状态，在不施加任何外力的情况下，即底部没有摩擦力，表面也没有压力变化或风应力等表面切应力，(a)中的水体可以保持静止状态，而(b)中水体在重力作用下将无法保持静止。有限体积法在计算过程中是无法分辨水位差是存在于底部还是存在于表面的，从而导致在模拟底部地形多变的静止水体时水体却发生了虚假流动。

很多实例也已经证明该方法对平底或者一致斜坡的情况是适用的，但在模拟多变地形的浅水流动时却发生了错误[110-111]。

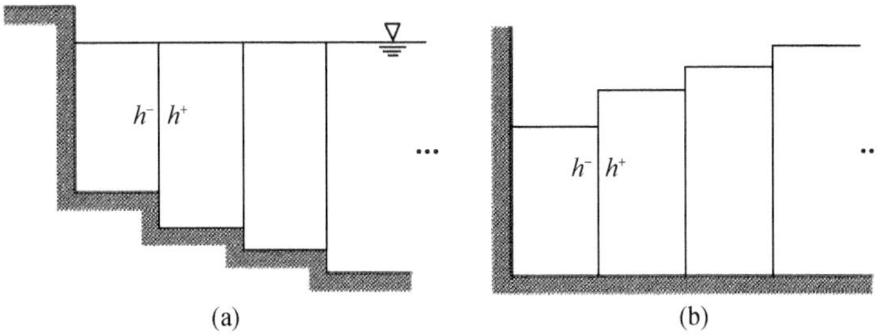

图 2.8 水面的初始状态[106]

究其本质，为了使浅水方程适用于有限体积法，在将一般浅水方程形式转换为守恒型方程组的过程中，把表面梯度项人为地分成通量梯度项和底坡源项，以 x 方向为例，即 $gd\frac{\partial \eta}{\partial x}=\frac{\partial}{\partial x}\left(\frac{1}{2}gd^2\right)+gdS_{\alpha x}$，从而产生了数值不平衡。

例如在多变地形情况下，若水体处于静止状态，此时的水面波动和流水均为零。为了模拟这一情况，利用 Roe 型 FVM 对浅水波方程进行数值模拟，通过第 i 单元第 l 边的数值通量用式(2.14)表示为：

$$\sum_{k=1}^{3}\alpha_k|\lambda_k|e_k=\alpha_1|\lambda_1|\begin{pmatrix}1\\ \tilde{u}+\tilde{c}n_x\\ \tilde{v}+\tilde{c}n_y\end{pmatrix}+\alpha_2|\lambda_2|\begin{pmatrix}0\\ -\tilde{c}n_y\\ \tilde{c}n_x\end{pmatrix}+\alpha_3|\lambda_3|\begin{pmatrix}1\\ \tilde{u}-\tilde{c}n_x\\ \tilde{v}-\tilde{c}n_y\end{pmatrix}$$

$$=\frac{\Delta d}{2}\cdot\tilde{c}\cdot\begin{pmatrix}1\\ \tilde{c}n_x\\ \tilde{c}n_y\end{pmatrix}+0\cdot 0\cdot\begin{pmatrix}0\\ -\tilde{c}n_y\\ \tilde{c}n_x\end{pmatrix}+\frac{\Delta d}{2}\cdot\tilde{c}\cdot\begin{pmatrix}1\\ -\tilde{c}n_x\\ -\tilde{c}n_y\end{pmatrix}$$

$$=\begin{pmatrix}\Delta d\cdot\tilde{c}\\ 0\\ 0\end{pmatrix}$$

该边通量：

$$(E\cdot n)_{il}=\frac{1}{2}\left\{\begin{bmatrix}0\\ gd_L^2n_x/2\\ gd_L^2n_y/2\end{bmatrix}+\begin{bmatrix}0\\ gd_R^2n_x/2\\ gd_R^2n_y/2\end{bmatrix}-\begin{bmatrix}\Delta d\cdot\tilde{c}\\ 0\\ 0\end{bmatrix}\right\}=\begin{bmatrix}-(d_R-d_L)\cdot\tilde{c}/2\\ [gn_x(d_L^2+d_R^2)/2]/2\\ [gn_y(d_L^2+d_R^2)/2]/2\end{bmatrix}$$

简化方程组，在水流连续方程中将出现 $-(d_R-d_L)\cdot\tilde{c}/2=0$，而在多变地形情况下一般 $d_L\neq d_R$，连续方程出现了不平衡性，导致了在模拟静止水体时产生了虚假流动。因此，为了使 FVM 能正确应用到多变地形浅水流的数值模拟中，必须对压力项和底坡源项进行平衡处理。

为了保证底坡项和对流项的平衡，将底坡项改写成如下式：

$$S_0=\begin{pmatrix}0\\ S_{0x}\\ S_{0y}\end{pmatrix}=\begin{pmatrix}0\\ -gd\dfrac{\partial z_b}{x}\\ -gd\dfrac{\partial z_b}{y}\end{pmatrix}=\begin{pmatrix}0\\ gd\dfrac{\partial h}{x}\\ gd\dfrac{\partial h}{y}\end{pmatrix}=\begin{pmatrix}0\\ gd\\ 0\end{pmatrix}\nabla(h,0)+\begin{pmatrix}0\\ 0\\ gd\end{pmatrix}\nabla(0,h)$$

式中，h 表示为静水深。按照对流项离散形式对底坡项在三角单元各边进行积分，可得到：

$$S_{il}=\begin{pmatrix}0\\ g\bar{d}\Delta hn_x\\ g\bar{d}\Delta hn_y\end{pmatrix}\cdot l_{il},\text{其中}\begin{cases}\bar{d}=\dfrac{d_R+d_L}{2}\\ \Delta h=h_R-h_L\end{cases}$$

参照对流项特征矩阵分解格式，令三角单元的每条边

$$\begin{pmatrix}0\\ g\bar{d}\Delta hn_x\\ g\bar{d}\Delta hn_y\end{pmatrix}=\sum_{k=1}^{3}\beta_k e_k$$

系数表达式为：

$$\beta_1=\frac{1}{2}\tilde{c}\Delta h,\beta_2=0,\beta_3=-\frac{1}{2}\tilde{c}\Delta h$$

证明如下：

$$\sum_{k=1}^{3}\beta_k e_k=\beta_1\cdot e_1+\beta_2\cdot e_2+\beta_3\cdot e_3$$

$$=\frac{1}{2}\tilde{c}\Delta h\begin{pmatrix}1\\ \tilde{u}+\tilde{c}n_x\\ \tilde{v}+\tilde{c}n_y\end{pmatrix}+0\cdot\begin{pmatrix}0\\ -\tilde{c}n_y\\ \tilde{c}n_x\end{pmatrix}-\frac{1}{2}\tilde{c}\Delta h\begin{pmatrix}1\\ \tilde{u}-\tilde{c}n_x\\ \tilde{v}-\tilde{c}n_y\end{pmatrix}$$

$$=\begin{pmatrix}0\\ \tilde{c}^2\Delta hn_x\\ \tilde{c}^2\Delta hn_y\end{pmatrix}=\begin{pmatrix}0\\ g(d_R+d_L)/2\cdot\Delta hn_x\\ g(d_R+d_L)/2\cdot\Delta hn_y\end{pmatrix}=\begin{pmatrix}0\\ g\bar{d}\Delta hn_x\\ g\bar{d}\Delta hn_y\end{pmatrix}$$

对其采用迎风格式处理平衡界面通量：

$$S_{il}=\sum_{k=1}^{3}\frac{1}{2}(1-sign(\lambda_k))\beta_k e_k\Delta l_{ij}$$

式中，$sign(x)$ 为符号函数。

下面对静水（$\eta=u=v=0$）情况下，Roe 型浅水方程的守恒性进行证明。此时：特征值 $\lambda_1=\tilde{c}$，$\lambda_2=0$，$\lambda_3=-\tilde{c}$

特征向量 $e_1=(1,\tilde{c}n_x,\tilde{c}n_y)^T$，$e_2=(0,-\tilde{c}n_y,\tilde{c}n_x)^T$，$e_3=(1,-\tilde{c}n_x,-\tilde{c}n_y)^T$

相应系数 $\alpha_1=\Delta d/2$，$\alpha_2=0$，$\alpha_3=\Delta d/2$

连续方程的源项表示为

$$S_{il}=\sum_{k=1}^{3}\frac{1}{2}[1-sign(\lambda_k)]\beta_k e_k$$

$$=\frac{1}{2}[1-sign(\lambda_1)]\beta_1 e_1+\frac{1}{2}[1-sign(\lambda_2)]\beta_2 e_2+\frac{1}{2}[1-sign(\lambda_3)]\beta_3 e_3$$

$$=\frac{1}{2}(1-1)\cdot\frac{1}{2}\tilde{c}\Delta h\cdot 1+\frac{1}{2}(1-1)\cdot 0\cdot 0+\frac{1}{2}(1-(-1))\cdot\left(-\frac{1}{2}\tilde{c}\Delta h\right)\cdot 1$$

$$=-\frac{1}{2}\tilde{c}\Delta h$$

对连续方程有

$$\frac{d_i^{n+1}-d_i^n}{\Delta t}=-\frac{1}{A_i}\sum_{k=1}^{3}[(E\cdot n)_{il}-S_{il}]l_k$$

$$= -\frac{1}{A_i}\sum_{k=1}^{3}\left[-\frac{1}{2}\tilde{c}\Delta d - \left(-\frac{1}{2}\tilde{c}\Delta h\right)\right]l_k$$

$$= -\frac{1}{A_i}\sum_{k=1}^{3}\left(\frac{1}{2}\tilde{c}(\Delta h - \Delta d)\right)l_k$$

在静水情况下 $$\Delta d = \Delta h$$

因此 $$\frac{d_i^{n+1} - d_i^n}{\Delta t} \equiv 0$$

可见，连续方程在静水情况下全水深的变化始终为零，该方式的处理在多变地形下是不会产生静水虚假流动的现象[112]。

下面对动量方程的守恒性进行证明，以 x 方向为例。

动量方程在 x 方向的源项表示为

$$S_{il} = \sum_{k=1}^{3}\frac{1}{2}[1 - sign(\lambda_k)]\beta_k e_k$$

$$= \frac{1}{2}[1 - sign(\lambda_1)]\beta_1 e_1 + \frac{1}{2}[1 - sign(\lambda_2)]\beta_2 e_2 + \frac{1}{2}[1 - sign(\lambda_3)]\beta_3 e_3$$

$$= \frac{1}{2}(1-1)\cdot\frac{1}{2}\tilde{c}\Delta h\cdot\tilde{c}n_x + \frac{1}{2}(1-1)\cdot 0\cdot(-\tilde{c}n_y) + \frac{1}{2}[1-(-1)]\cdot \left(-\frac{1}{2}\tilde{c}\Delta h\right)\cdot(-\tilde{c}n_x)$$

$$= \frac{1}{2}\tilde{c}\Delta h\cdot\tilde{c}n_x$$

动量方程数值通量的修正项为

$$\Delta E = \alpha_1\lambda_1 e_1 + \alpha_2\lambda_2 e_2 + \alpha_3\lambda_3 e_3$$

$$= \frac{\Delta d}{2}\tilde{c}\cdot\tilde{c}n_x + 0\cdot 0\cdot(-\tilde{c}n_y) + \frac{\Delta d}{2}(-\tilde{c})\cdot(-\tilde{c}n_x)$$

$$= \Delta d\cdot\tilde{c}\cdot\tilde{c}n_x$$

动量方程的数值通量可表示为

$$E\cdot n = \frac{1}{2}((E\cdot n)_L + (E\cdot n)_R - \Delta E)$$

$$= \frac{1}{2}\left(\frac{gh_L^2}{2}n_x + \frac{gh_R^2}{2}n_x - \Delta d\cdot\tilde{c}\cdot\tilde{c}n_x\right)$$

$$= \frac{1}{4} g n_x (h_L^2 + h_R^2) - \frac{1}{2} \Delta d \cdot \tilde{c} \cdot \tilde{c} n_x$$

对动量方程有

$$\frac{U_i^{n+1} - U_i^n}{\Delta t} = -\frac{1}{A_i} \sum_{k=1}^{3} [(E \cdot n)_{il} - S_{il}] l_k$$

$$= -\frac{1}{A_i} \sum_{k=1}^{3} \left[\frac{1}{4} g n_x (h_L^2 + h_R^2) - \frac{1}{2} (\Delta d - \Delta h) \cdot \tilde{c} \cdot \tilde{c} n_x \right] l_k$$

$$= -\frac{g}{4A_i} (h_L^2 + h_R^2) \sum_{k=1}^{3} (n_x) l_k$$

三角形各边沿外法线进行积分的结果为零，即 $\sum_{k=1}^{3} (n_x) l_k = 0$。

因此 $U_i^{n+1} = U_i^n$，同理可得到 y 方向的动量方程在静水时也不会出现流动。

2.5 质点追踪模型

水动力学数学模型通常是基于 Euler 方法建立的，而要描述质点的运动，需采用 Lagrange 方法，这就涉及到如何将 Euler 场中的结果转换为 Lagrange 质点位移。数值模拟系统中，将 Euler 场转为 Lagrange 场有两种办法。一种是在计算过程中添加代码，实时地计算质点的位置和流速，同时记录质点随时间变化的运移轨迹。这种办法的缺点是需要事先布置好质点的起始点位置，如果事先布置不好，需要重新计算一次，优点是质点的运移轨迹线计算相对比较精确。另一种办法就是先进行水动力数值模拟计算，将计算结果按照一定的时间间隔保存数据，然后给定需要观测的水质点起始位置，进行插值计算，得到质点的运移轨迹。这种办法需要模拟计算结果保存数据的时间间隔相对较短，否则会产生很大的误差，甚至会产生误导。本次模型对水质点运动的模拟时采用第二种方式。

在欧拉场中，对于平面二维问题，任意空间点的速度可表示为：

$$\vec{V} = \vec{V}(x, y, t) \tag{2.18}$$

采用拉格朗日场的观点，任意质点的速度可表示为：

$$\vec{V_l}=\vec{V_l}(x_l, y_l, t)=\frac{d\vec{X}}{dt} \tag{2.19}$$

通过改写上式，可建立求解质点位移的一阶常微分方程，质点的运动轨迹可通过积分求得：

$$\vec{X}=\vec{X_0}+\int_{t_0}^{t}\vec{V_l}dt \tag{2.20}$$

每个时刻的$\vec{V_l}$可有欧拉场的计算结果提供，通过上式数值的方法可求出质点的运动轨迹。常用的数值积分方法有欧拉法和龙格库塔法等。这里的$\vec{V_l}$取时刻平均值，计算公式如下：

$$\vec{X}^{n+1}=\vec{X}^{n}+\frac{\Delta t}{2}[\vec{V_l}(\vec{X}^{n}, t_0+\Delta t)+\vec{V_l}(\vec{X}^{n}, t_0)] \tag{2.21}$$

计算方法为：首先确定质点位置所在的单元，通过该时刻和 Δt 时刻后$\vec{V_l}$ 的平均值乘以 Δt，即为该段时间内质点的运移轨迹。

2.6 经典算例

2.6.1 溃坝模型

当前许多的水动力数值模拟方法的研究中，常常采用这个二维溃坝模型，而且在结构和非结构网格的应用及边界条件的数值试验研究中，这个模型也很有意义。如图 2.9 所示，长宽各为 200 单位(这里单位取 m)的求解域内，水坝位于 $x=100$，其左侧水坝上游的水深为 10 m，下游水深为 5 m。假定水坝的 $y=95-175$ m 段发生突然的溃坝，利用数值方法模拟其溃坝的情况[83]。将计算区域进行三角网格剖分，共有 3 616 个网格组成，网格边长平均为 5 m，如图 2.10 所示。

这个算例没有理论解，但有许多文献提供了溃坝 7.2 s 后的坝下游自由水面和平面流场[84]。本书计算 7.2 s 后的水面线分布和流场分布分别见图 2.11(a)和图 2.12(a)，缺口处溃坝泄流时向下游纵、横传播，并有稀疏波向上游传播。溃坝波所到岸边形成壅高，由于溃坝缺口非对称，受岸边壅水影响及流速较大的缘故，在坝址处两边形成两个非对称的旋涡。波前以间断波的形式传播，间断处有壅水，符合实际物理现象。将本书的计算结果与 1997 年 Anastasiou 和 Chan 的计算结果相比较，从水面形状[图 2.11(b)]和流场分布[图 2.12(b)]来看，本书计算结果与已有报道结果都比较吻合，表明本模型在模拟二维局部溃坝问题上具有较高的精度。

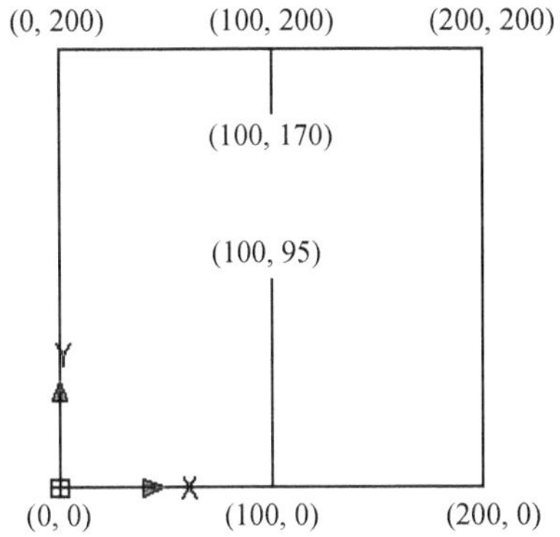

图 2.9　二维溃坝平面尺寸示意

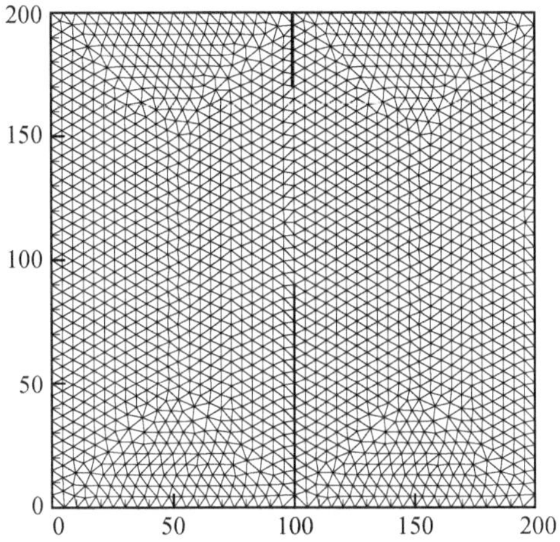

图 2.10　溃坝计算域网格剖分

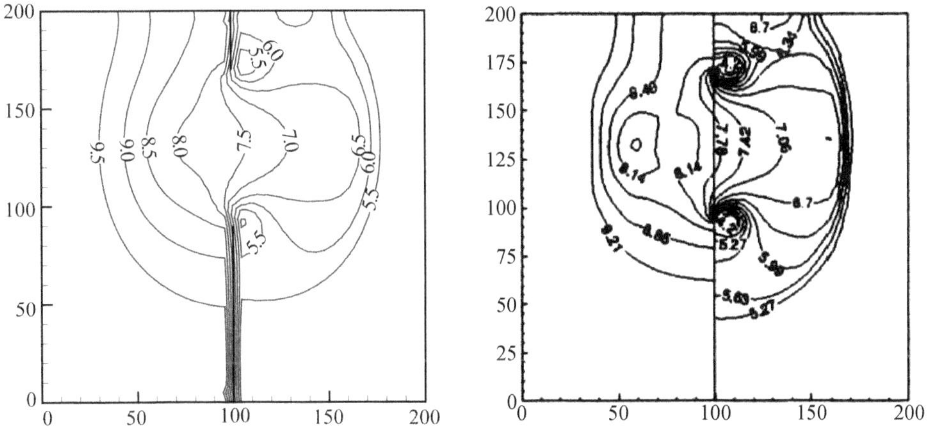

(a) 本书计算结果　　(b) Anastasiou计算结果

图 2.11　二维溃坝水面线分布

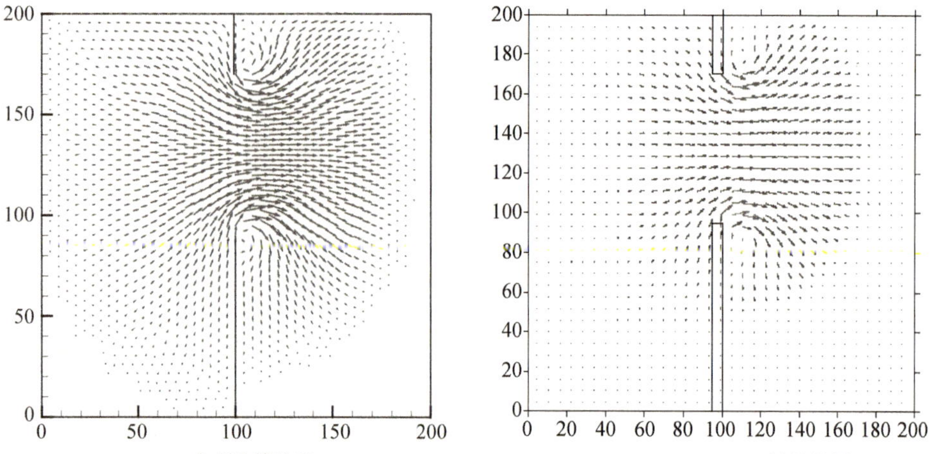

(a) 本书计算结果　　(b) Anastasiou计算结果

图 2.12　二维溃坝平面流态

2.6.2　浓度场输移

方形浓度分布在均匀流场中的输移是指在流场均匀的水中布置一个正方形的浓度场，不记污染物的扩散作用，从理论上讲，该浓度场分布在输运过程中应当保持不变，既不坦化也不发生震荡。在均匀流场中随流匀速运动不会扩散。如文献[67]布置，模型计算域大小为 5 000 m×5 000 m，域内水流恒定均匀、底部无摩擦、平底。恒定水流的流速为 0.5 m/s，水深 0.5 m，网格大小为 50 m。浓度场初始值为 2.0 kg/m^3，范围为 1 000 m×1 000 m。本模型计算的方形浓度分布在输运 1 h 和 2 h 后的结果除了在边缘处有一点坦化(坦化原因可能与网格形状也有关)外与理论值一致，在计算过程中没有负值和数值震荡现象出现(图 2.13)。

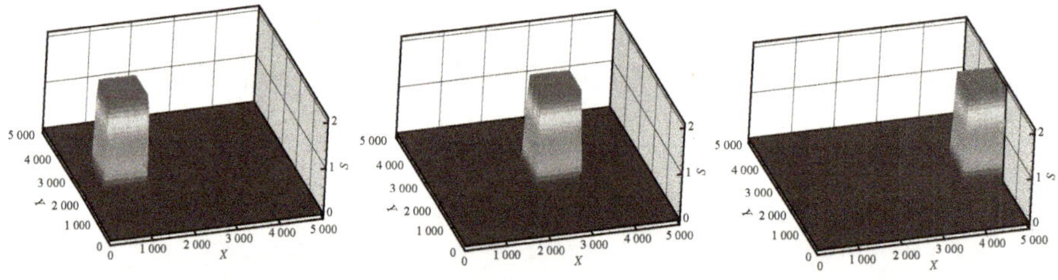

(1) 初始时刻　　(2) T=1 h　　(3) T=2 h

图 2.13　方形浓度场的随流输移

2.7 模型应用

河口海湾地区岸线曲折、岛屿众多边界复杂。在平面二维潮流数学计算中，采用三角形网格剖分计算域，既可以克服矩形网格锯齿形边界所造成的流动失真，也可以避免生成有结构贴体曲线网格的复杂计算和其他困难。因此，在对珠江口伶仃洋水域进行潮流数值模拟时，选用由三角形网格对计算水域进行剖分，共划分出56 244 个三角形单元。对各主要航道所经水域和广州港南沙港区以及大铲湾附近水域(后文中重点研究的水域)进行了网格加密，其中外伶仃洋海域水面宽阔，可加大网格单元尺寸，计算水域网格剖分效果可见图 2.14。模型边界北起虎门口，南至大万山岛以南 5.0 km 处，西边界设在珠海的炮台山，东边界止于香港汲水门。模型覆盖范围东西向 51 km，南北向 108 km，控制面积 3 877 km^2，平面坐标采用北京 54 坐标。模型共由 9 个开边界控制，伶仃洋南部开阔海域采用潮位控制，东侧香港汲水门、西侧磨刀门水道、北端的虎门水道、焦门水道和洪奇门水道以及横门水道则采用潮位加流量的控制方式。模型水深由 2007 年实测的伶仃洋水域 1：30 000(珠基)的水下地形图插值得到(图 2.15)。

2.7.1 水流模拟验证

潮流数学模型与天然相似的条件，主要取决于模型计算出采样点的潮位和流速过程与实测数据的吻合程度。本模型选取了 2007 年 8 月 13—14 日的夏季大潮过程的水文资料进行了验证计算，实测资料包括 13 站潮位和 15 条垂线测流数据(位置见图 2.16)。图 2.17 是模型采用实测潮型对 9 个验潮站实测潮位的验证结果，图 2.18 和图 2.19 分别给出了 10 条垂线流速和流向过程计算与实测的对比结果。从这些图中点、实曲线的线型以及峰谷位置比较来看，模型所模拟的各站潮位过程与天然情况比较吻合，模型计算出的各条垂线的流速大小和流向变化与实测结果趋于一致，潮流数值模拟结果符合模拟规程要求[113]。

图 2.20 给出了该验证潮型下伶仃洋水域在涨急和落急时刻的潮流流态平面分布。从流态分布可以看出，主槽流速强于边滩、东部大于西部；涨落潮主流与主槽走向基本趋于一致；西滩各口门水道与主深槽的交汇处分汇流态比较明显。在

落急时刻，上游各水道的水流一起下泄进入伶仃洋，汇同伶仃洋的落潮流水体向南运动，伶仃洋东槽的落潮水体在同深圳湾的落潮流汇合后继续向南流动，在铜鼓海域受香港机场顶托分成两股，一股向东经香港水道流出伶仃洋，另一股转向西南，绕过大濠岛向东南流动。涨潮时刻，经香港水道的涨潮水体自东向西进入伶仃洋，与经珠海至大濠岛断面的涨潮水体在铜鼓海区汇合，向北流动，并在赤湾附近分流，一股潮流流入深圳湾，另一股继续向北流动。

2.7.2 水质模拟验证

由于缺少伶仃洋水域水体污染物的实时观察资料，这里采用深圳大铲湾物理模型中水质试验结果作为数学模型验证的依据。根据文献[114]得知大铲湾西乡河和新圳河的年平均废水量和排放的污染物总量如表 2.1 所示，计算可得新圳河的废水平均排放量为 2.6 m^3/s，污染物平均浓度为 0.043 kg/m^3，而西乡河的废水排放量为 2.2 m^3/s，污染物浓度为 0.027 kg/m^3。南京水利科学研究院的辛文杰、韩玉芳等通过物理模型[114]，采用 Nacl 溶液掺少量的罗丹明 B 混合液作为实验室模拟污水，模拟了大中小潮潮型组合下半个月的污染物扩散情况。实验室模拟的方案 P-B 为外港池开挖、内港池保持自然状态，该方案与现在的大铲湾地形比较相似，物理模型模拟污染物在高低潮位时刻的分布结果见图 2.21。图中的数值表示污水的稀释倍数，通过对采样点水样的电导率测量换算得到。稀释率为污染物稀释倍数的倒数，稀释倍数越大表明污水的污染程度越低。由物模结果可以看出，在两个河口附近水域的水样稀释倍数较小，西乡河河口位于港池末端，污染物稀释倍数小于 10 的覆盖范围较大。

数学模型将采用此次的物理模型试验结果作为验证依据。水流控制条件采用同样的 14 个全潮过程，模拟出大铲湾在半个月内的水体污染物扩散状况。实验室测量数据为示踪剂的稀释倍数，为了和实验室数据比对，模拟计算结果也采用污染物的稀释倍数表示，即污染物在排放口浓度为 1，其他位置稀释倍数为排放口的污染物浓度除以实际水样浓度。数学模型模拟出大铲湾内在 14 个全潮后高潮位和低潮位时刻的污染物分布状态见图 2.22。从物理模型和数学模型模拟的结果来看，两个排水口附近成为污染较为严重的水域，湾口水域的污染物稀释倍数较大，高潮位时刻湾内水体污染程度小于低潮位时刻，而且两个模型模拟出的污染物稀释倍数的等值线大体上是一致的。

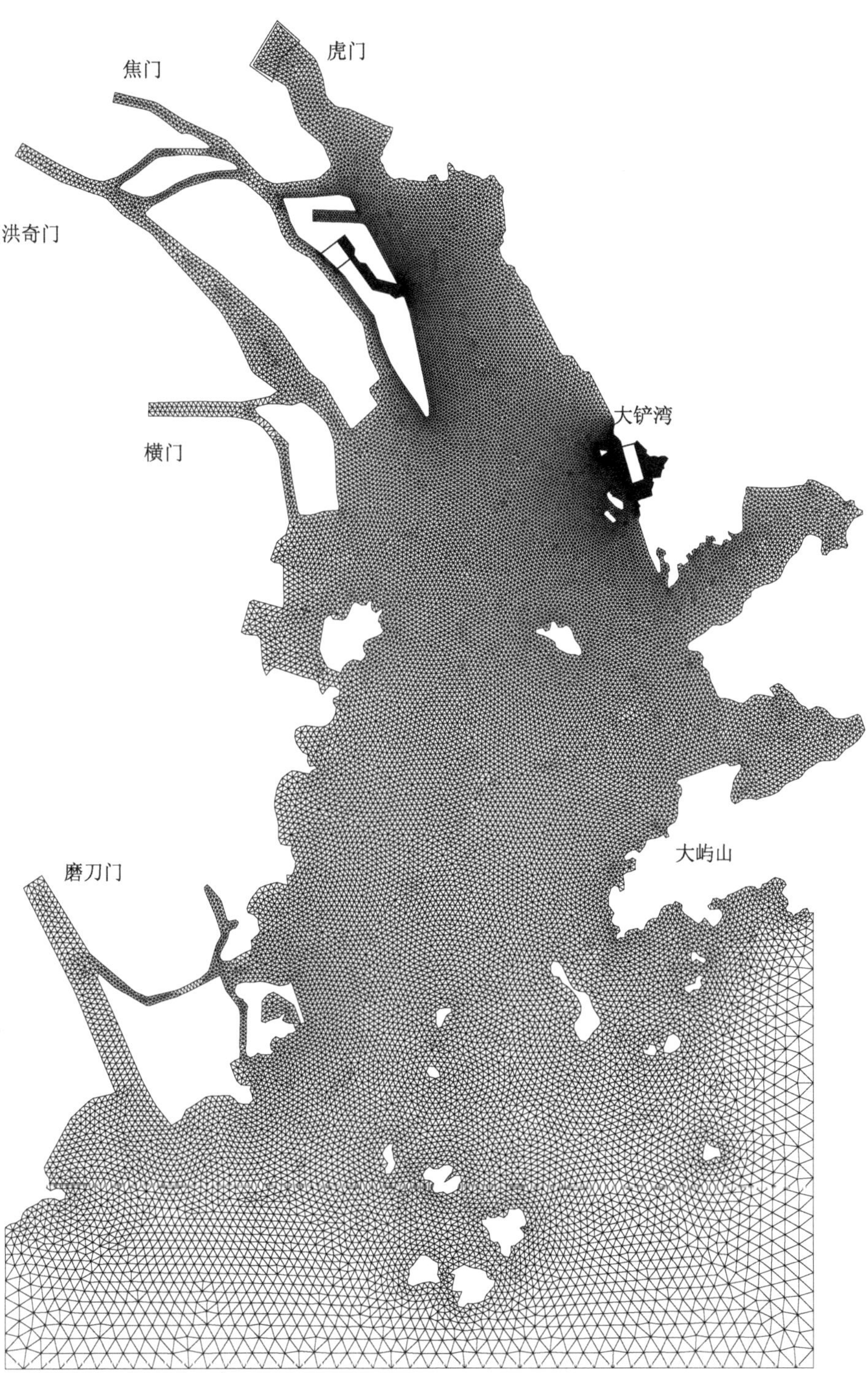

图 2.14　伶仃洋水域网格剖分示意图

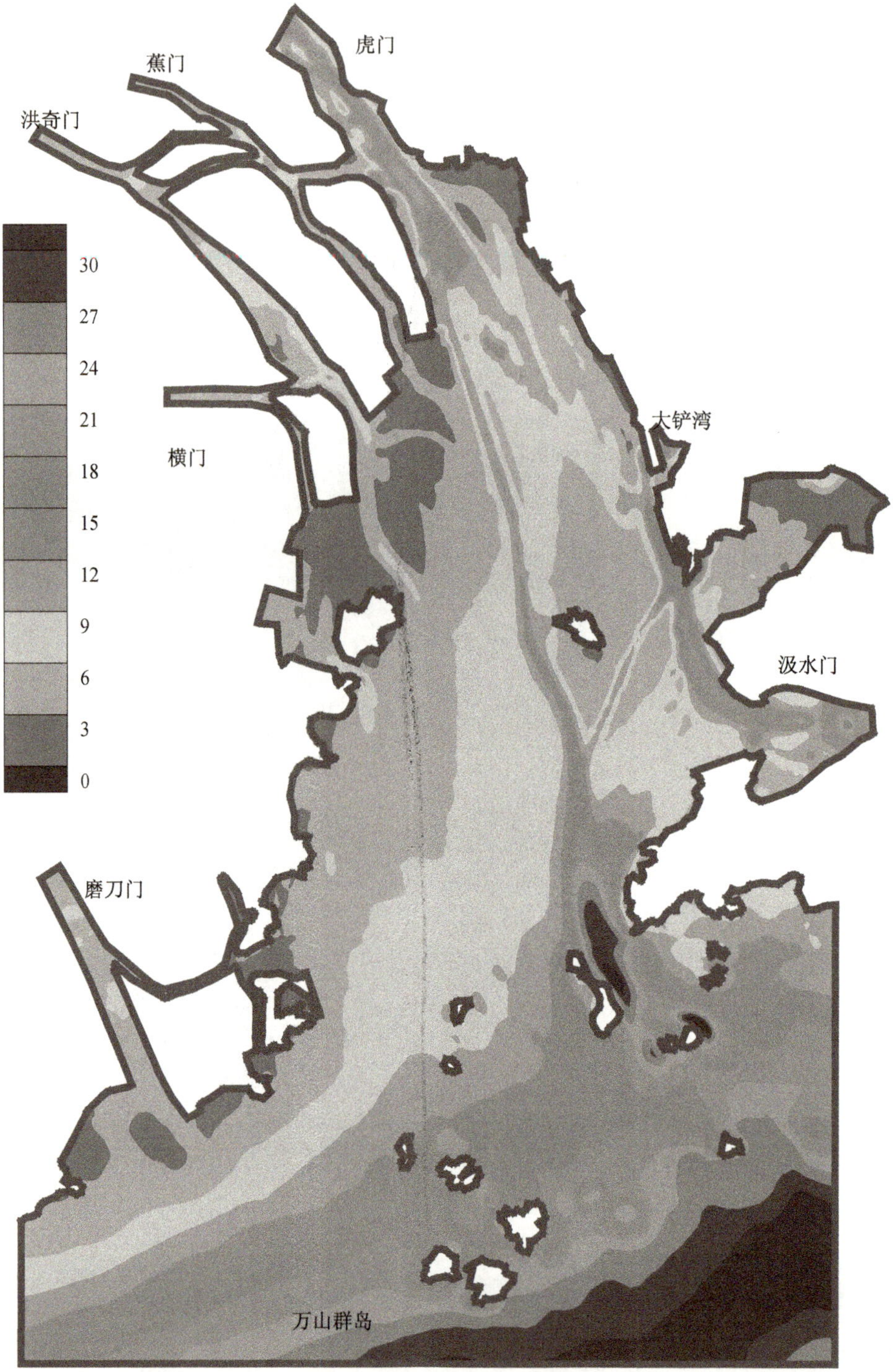

图 2.15 伶仃洋水下地形示意图

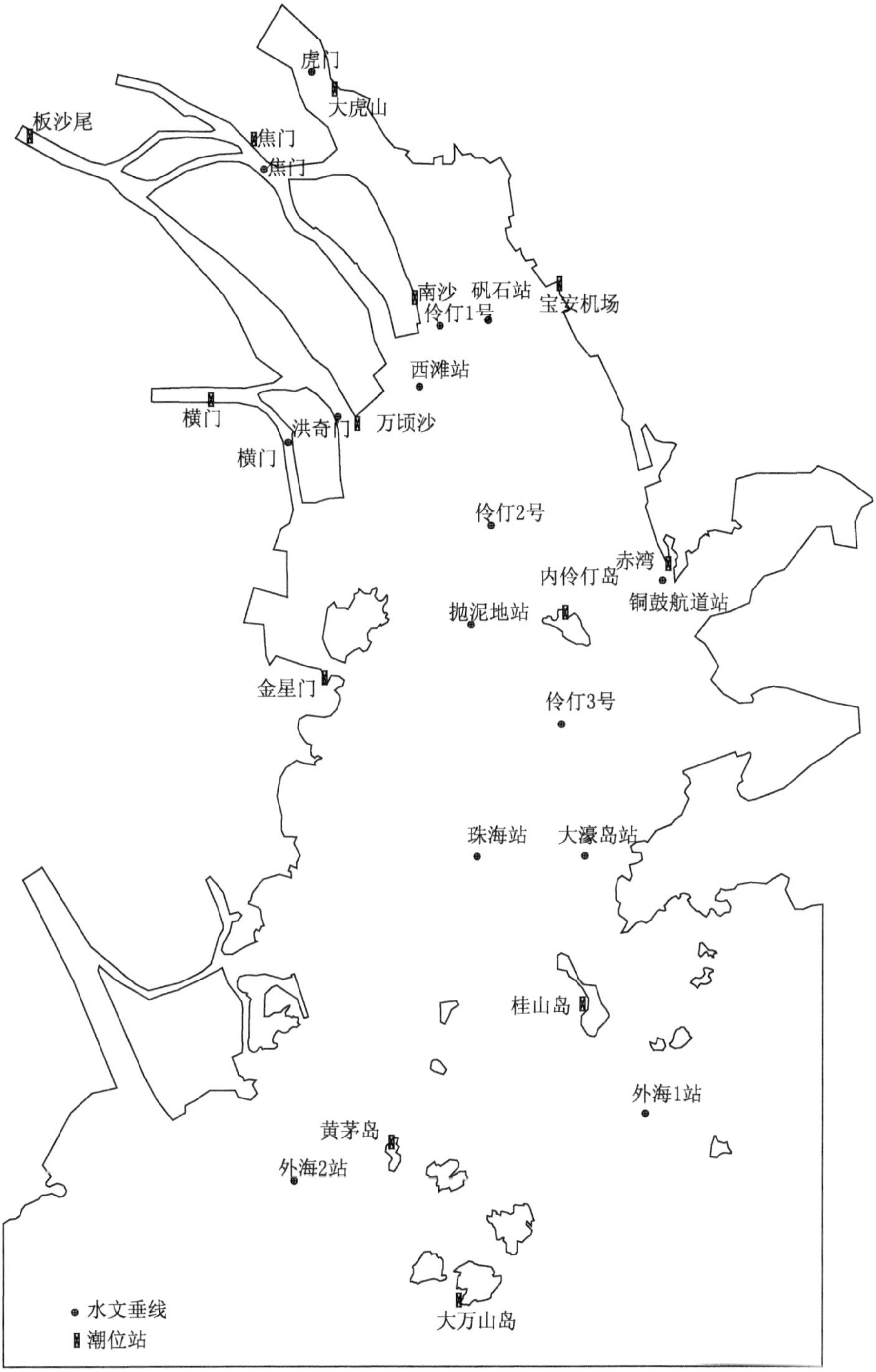

图 2.16　水文测验位置示意图

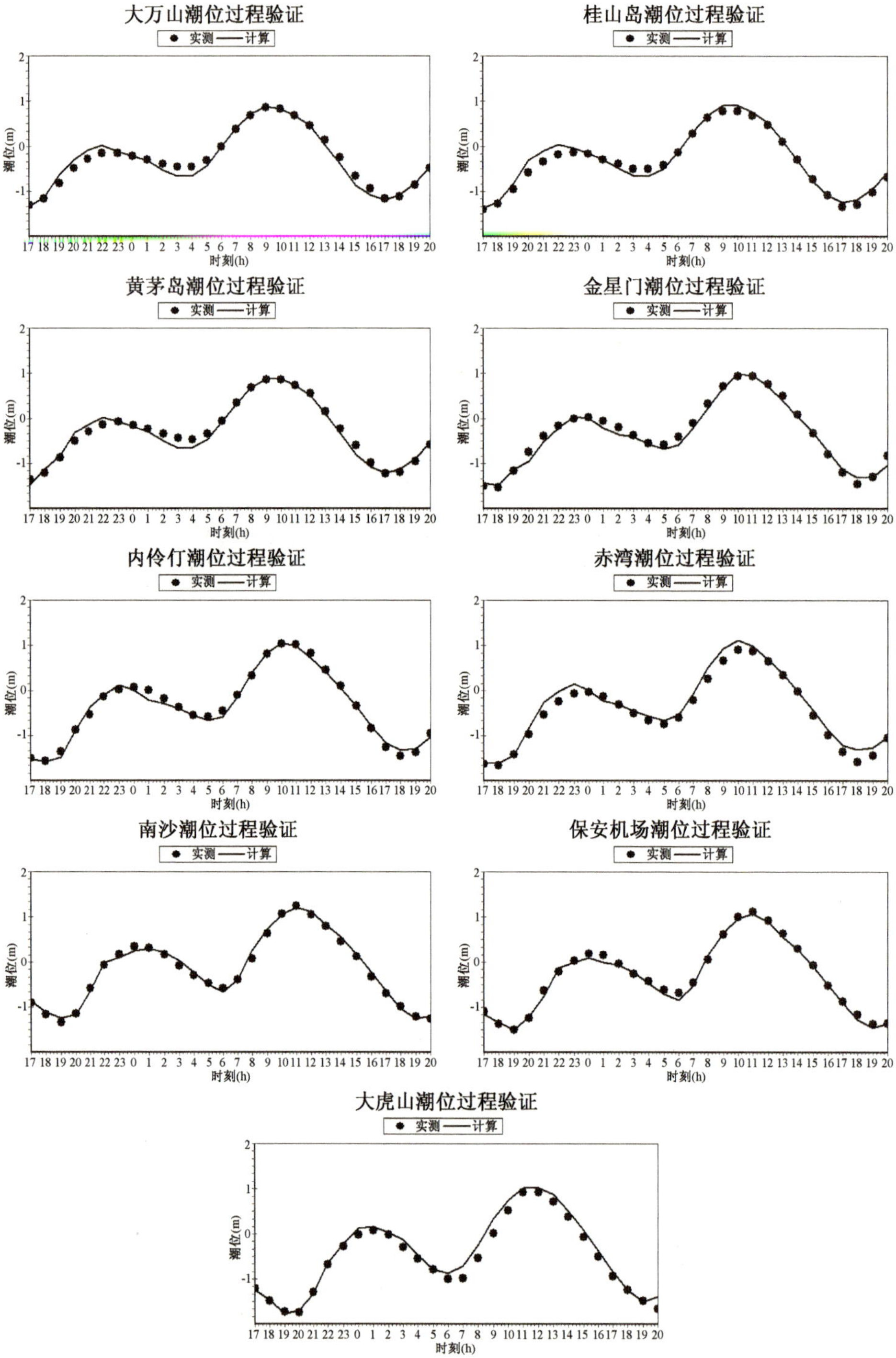

图 2.17　各站潮位过程验证

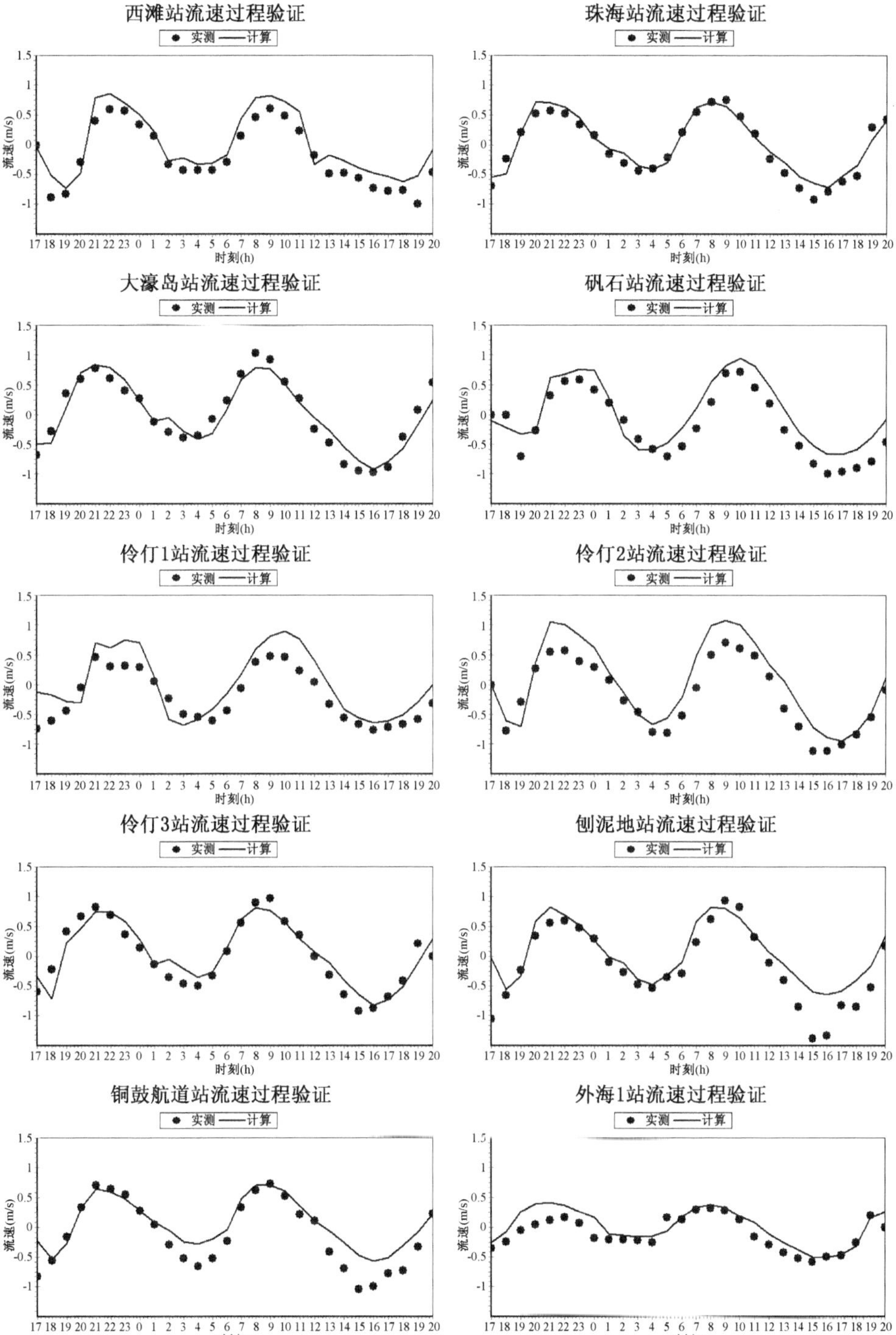

图 2.18　各水文垂线流速过程验证

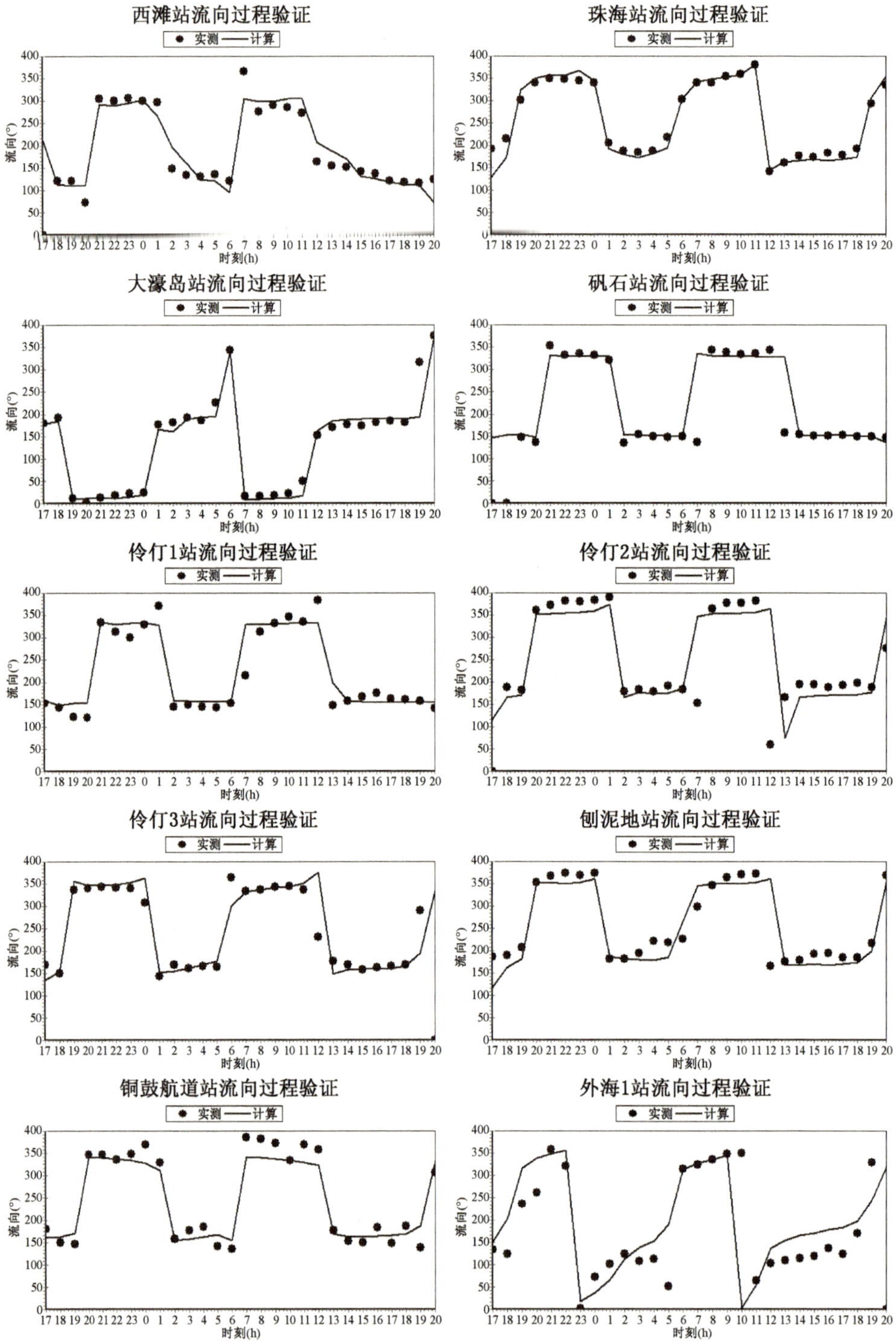

图 2.19　各水文垂线流向过程验证

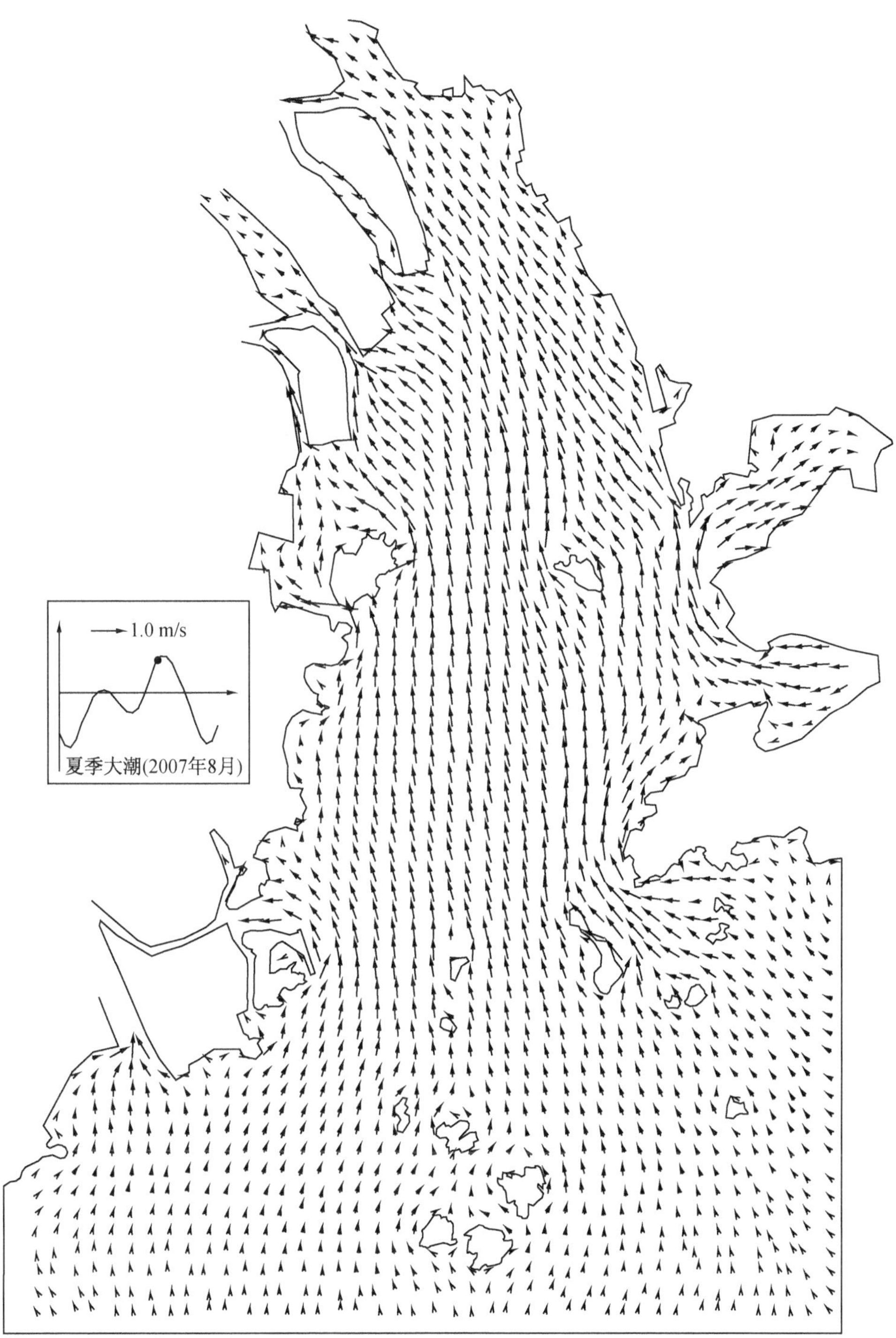

图 2.20(a) 伶仃洋涨急时刻平面流态

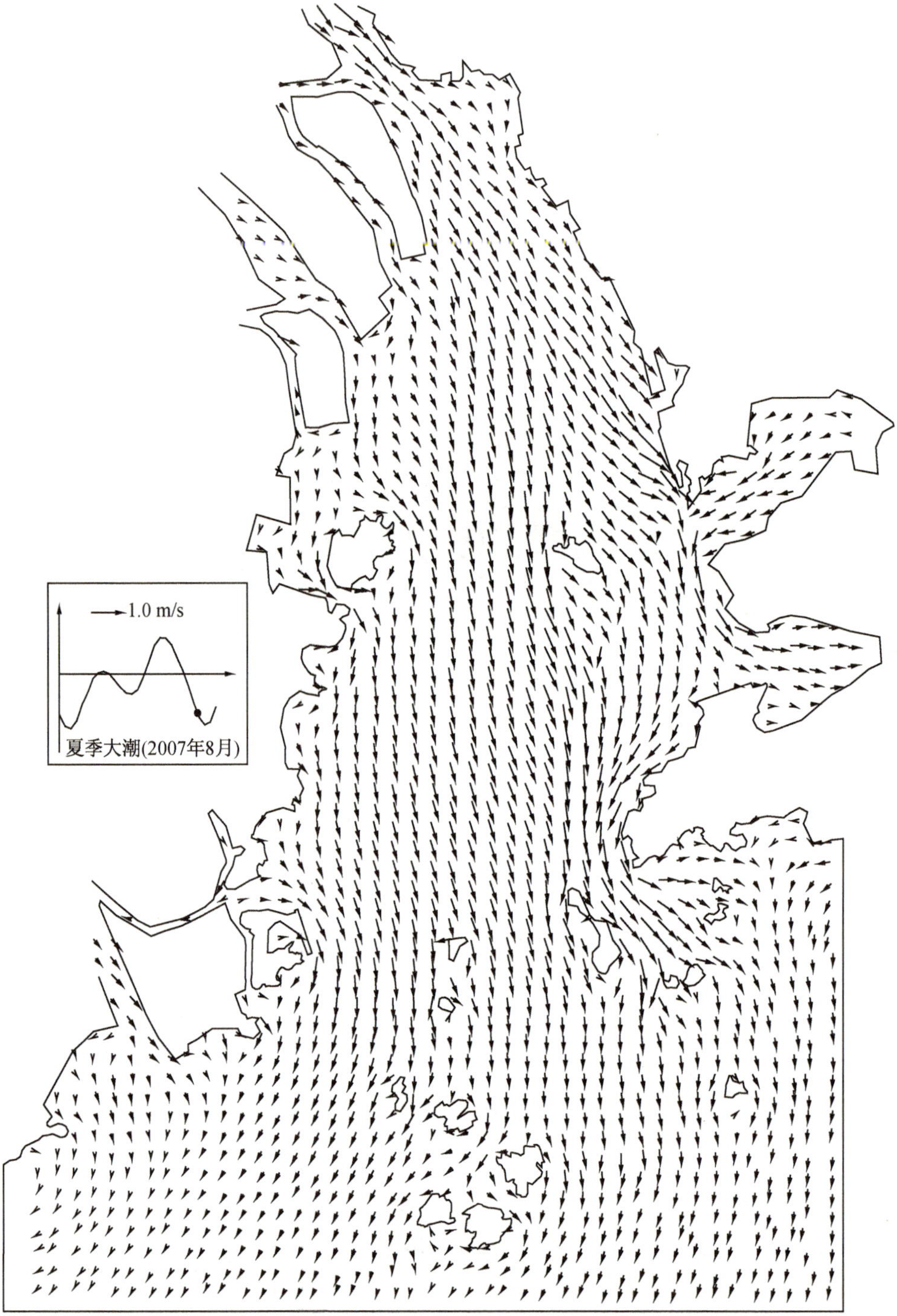

图 2.20(b) 伶仃洋落急时刻平面流态

表 2.1 大铲湾主要污染源指标

污染源	废水量(万 t/a)	COD 排放总量(t/a)	石油类排放总量(t/a)
新圳河	8 072.90	3 366.4	131.59
西乡河	6 811.78	1 821.0	32.02

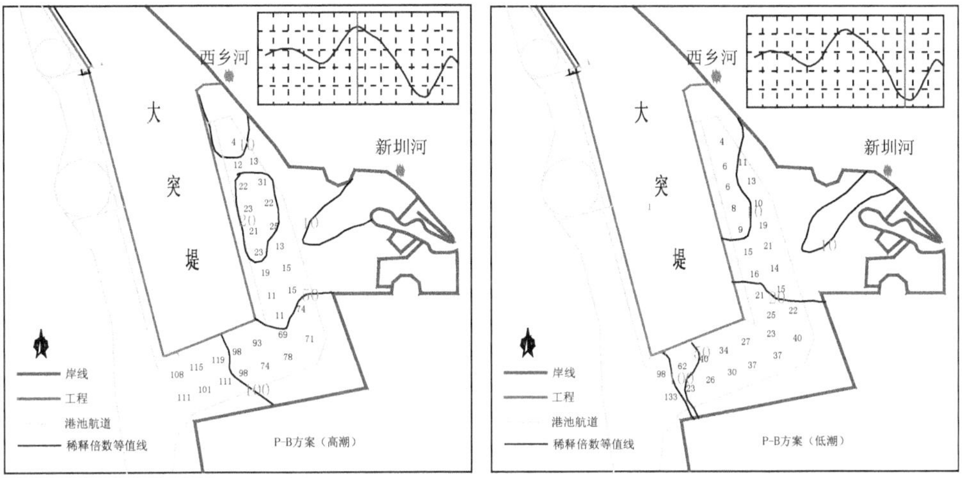

图 2.21 物理模型模拟的污染物稀释倍数分布示意图

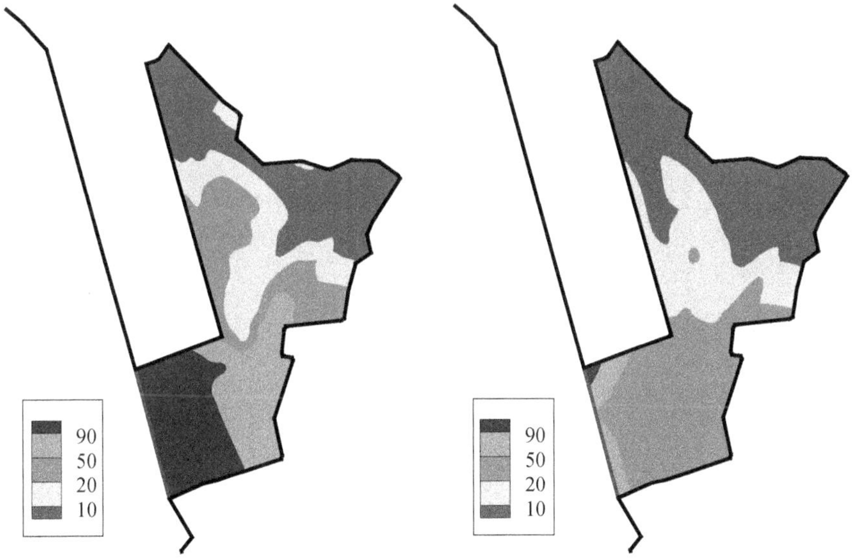

(a) 高潮位　　　　(b) 低潮位

图 2.22 数学模型模拟的污染物稀释倍数分布示意图

2.8 本章小结

本章首先回顾了 FVM 模型的发展和主要研究思路,从守恒型二维浅水波方程组出发,叠加了物质输运方程来模拟污染物在浅水流动中的输移扩散过程,结合无结构网格和有限体积法的基本思想进行了详细介绍。重点介绍了多变地形下浅水方程底坡源项的处理方式,有效消除了静水的虚假流动现象,书中对该处理方式下浅水方程的平衡性进行了证明。求解浅水方式时考虑了紊动黏性项的作用,对于含有二次偏导数的紊动项这里采用了计算界面平均值的方式,好处在于处理方式简单,在提高计算效率的同时保证了计算精度。对于动边界问题的干湿单元转换进行了缓流和急流两种情形的处理,模型可以起到精确模拟边滩淹没和出露的效果。接着采用本书的计算模式对二维溃坝和方形浓度的随流运动进行了模拟,计算结果与实际情况比较相符。最后对伶仃洋的潮流模型和深圳大铲湾的水质模型进行了验证,在后文中将直接采用该模型对深圳大铲湾和广州港南沙港区的水交换进行数值模拟,因此本章的论述为后面的模型应用奠定了基础。

3 概化港池水交换数值模拟

半封闭港湾是污染物容易聚积和不易扩散的水域，本章将通过半封闭矩形港池的概化模型采用水质模型模拟污染物在港池内随流输移的扩散过程，通过港池污染物浓度的变化来反映港池水交换能力的强弱程度。从利于港池污染物扩散角度出发，首先对港池的形状进行探讨，重点分析了矩形港池的长宽比对污染物扩散速率的影响，接着对港池口门的最佳宽度进行探讨；最后讨论了潮型控制条件对港池污染物扩散速率的影响。

本章重点探讨的三个问题：

(1) 矩形港池的长宽比对污染物扩散的影响；

(2) 矩形港池口门宽度对污染物扩散的影响；

(3) 潮型控制条件对港池污染物扩散的影响。

3.1 概化模型

根据我国东部沿海港池形状的特点，概化出一个三面环陆湾口向东的半封闭人工港池，港池平面呈长方形、口门宽 2.0 km，港池及外海水域水深均为 10.0 m。港池水域的水动力条件由东侧外海边界的正规半日潮控制(图 3.1)。采用第 2 章介绍的水质数学模型模拟涨落潮过程中港池内污染物的扩散输移过程，计算内容包括水流运动和污染物扩散。计算水域采用三角形网格剖分。港池内的污染物采用溶解性保守物质进行模拟，面源示踪剂采用一次性方式生产，初始浓度为 1.0。模拟时间为 360 h、14 个全潮过程，相当于半个月时间。

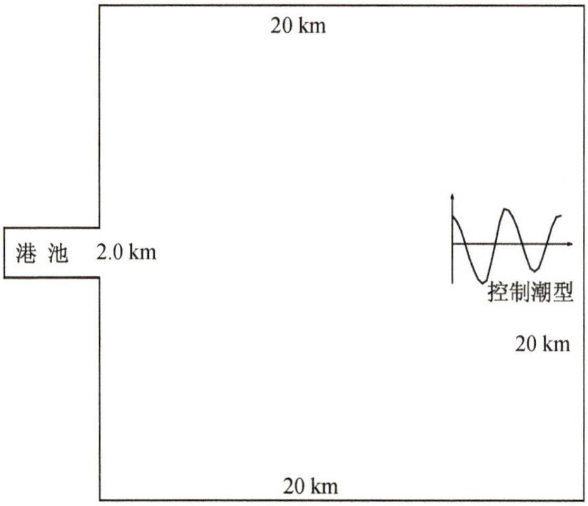

图 3.1　概化港池平面示意图

3.2　港池长宽比

这里以矩形港池为例，港池迎水面的宽度为 2.0 km，按照港池长度为 2.0 km、4.0 km、6.0 km、8.0 km、10.0 km 和 12.0 km 分别构造出长宽比为 1∶1、2∶1、3∶1、4∶1、5∶1 和 6∶1 的六种长方形港池，方案编号从 P1 到 P6。在港池内一次性产生浓度为 1.0 的均匀面源示踪剂作为污染源，通过水质模型模拟出港池内污染物在半个月时间的扩散情况和浓度变化。

图 3.2 为 6 种长宽比的矩形港池在 5 d 后的示踪剂扩散状态。由于示踪剂的量与港池水域面积成正比，方案 P6 的港池水域面积最大，其相应的示踪剂扩散范围相对也最大。矩形港池口门段的示踪剂浓度要小于港池末段，随着矩形港池长度的加大，处于港池末段水域的示踪剂扩散速率下降比较明显，其中方案 P6 末段 2.0 km 港池示踪剂浓度仍在 0.50 以上。

从图 3.3 港池示踪剂平均浓度随港池长宽比的变化来看，正方形(长宽比 1∶1)港池的示踪剂浓度下降速率最快，长宽比最大的 P6 示踪剂浓度下降速率最慢。以港池内示踪剂平均浓度从 1.0 降为 0.5 所用的时间作为标准，方案 P1 为 85 h，方案 P2 为 97 h，方案 P3 为 114 h，方案 P4 为 137 h，方案 P5 为 175 h，方案 P6 则为 242 h。随着港池长宽比的增加，示踪剂的半交换期依次增加，且增加幅度不断加大(图 3.4)。由此可见，在港池口门宽度不变的情况下增加港池长度，将会导致港池内示踪剂浓度减小速率下降，尤其是处于末段港池水域的示踪剂浓度下降速率将会非常慢，这主要是由于末段港池的水动力条件较弱，该水域的水体难以通过港池口门与外海水体进行交换，因而末段港池水域的水交换能力最弱。

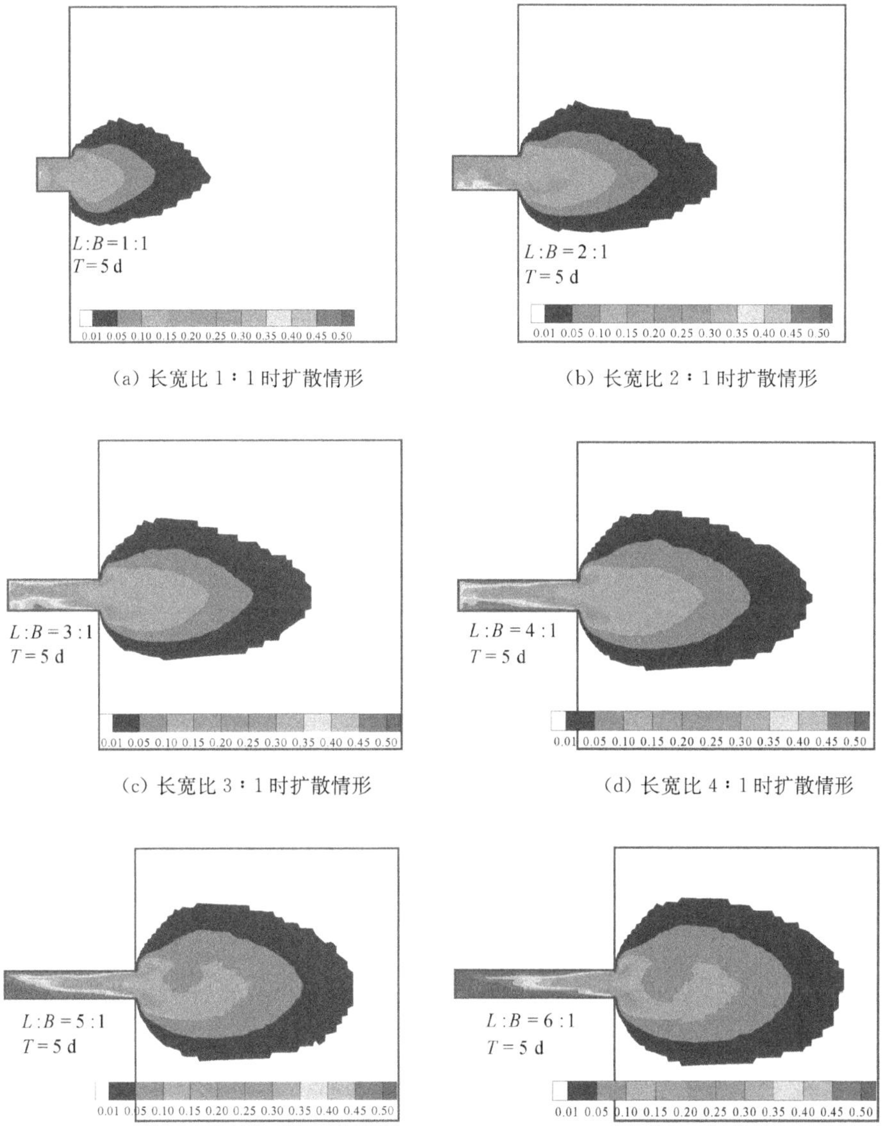

(a) 长宽比 1∶1 时扩散情形

(b) 长宽比 2∶1 时扩散情形

(c) 长宽比 3∶1 时扩散情形

(d) 长宽比 4∶1 时扩散情形

(e) 长宽比 5∶1 时扩散情形

(f) 长宽比 6∶1 时扩散情形

图 3.2 不同长宽比的矩形港池扩散状态

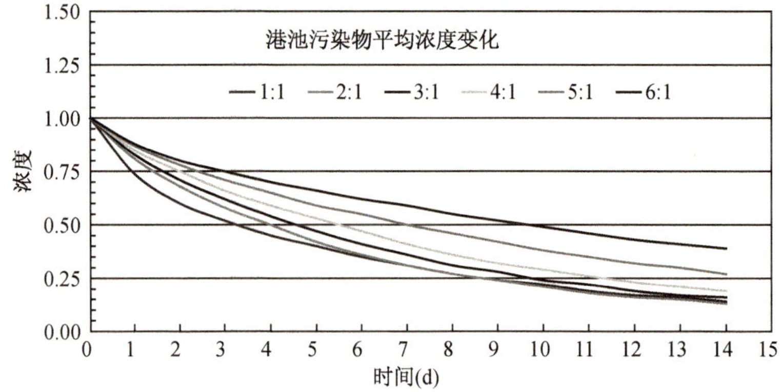

图 3.3 港池示踪剂平均浓度变化

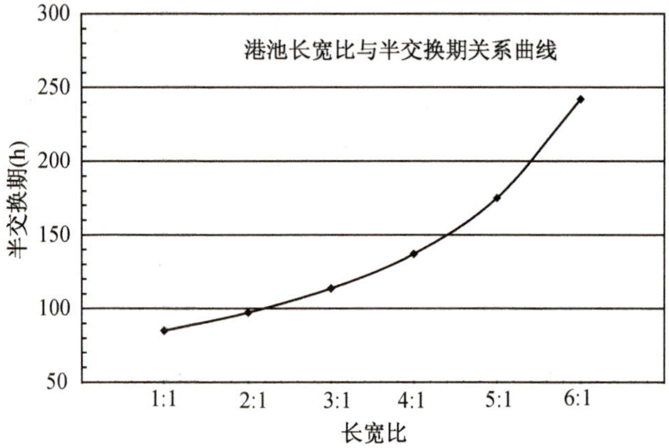

图 3.4 港池长宽比与半交换期的关系

3.3 港池口门宽度

港池口门断面缩窄后，进出港池的水流将会在口门导堤背水面形成回流，其中涨潮流在口门段港池形成的回流尤为明显(图 3.5)。回流可以改善港池内的弱流状态，通过调节口门宽度增加回流的尺度和强度可以有效提高港池内污染物的扩散速率。不同的口门宽度形成回流的尺度和强度不尽相同，由此而引起的水交换率也不尽相同。因此有必要结合矩形港池的长宽比，搭配口门不同的开度(口门实际宽度除以港池宽度)来研究港池的水交换能力。这里的矩形港池宽 2 000 m,港池口门宽度选取 2 000 m、1 600 m、1 200 m、800 m、400 m 和 200 m 分别构成港池口门开度为 1.0、0.8、0.6、0.4、0.2 和 0.1 的 6 种状况。

从图 3.6 矩形港池口门开度为 0.6 时的流速变化等值线可以看出,涨急时刻在港池的口门段流速呈增加趋势,流速增加范围覆盖了整个港池的近 2/3 水域,落急时刻流速增加的水域主要发生在港池出口处。由此可见通过调节港池口门宽度来增加港池水域流速对港池内污染物的扩散和输移是比较有利的。

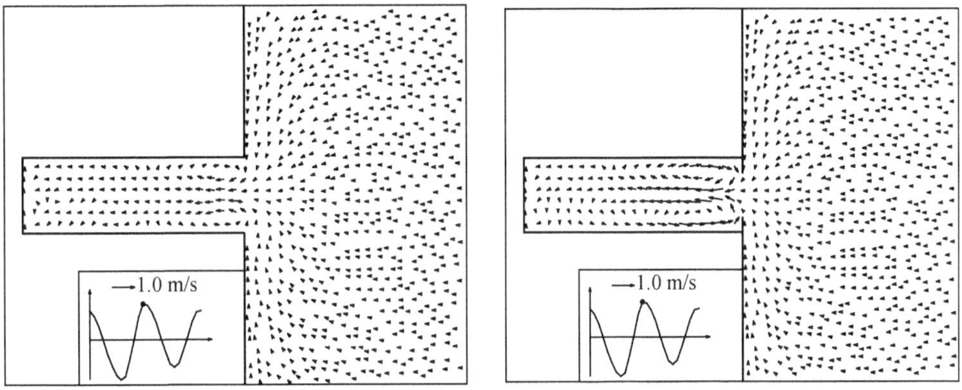

图 3.5　港池口门缩窄前后涨潮平面流态

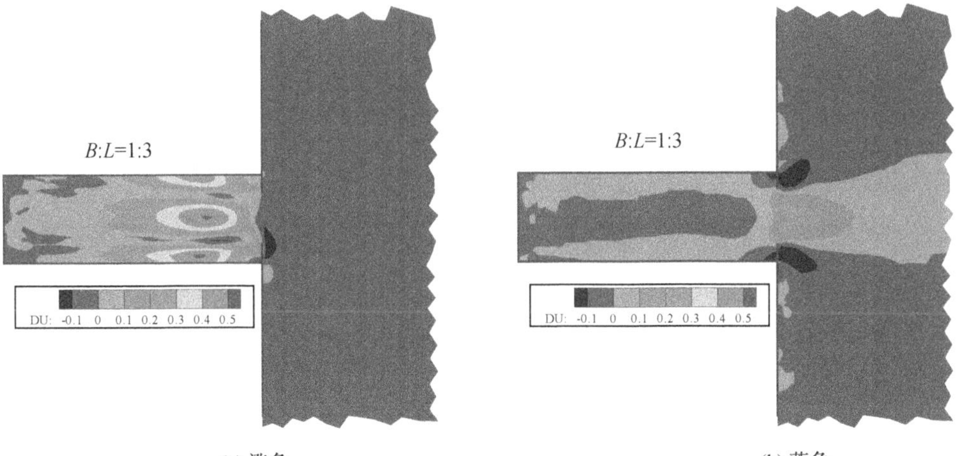

(a) 涨急　　(b) 落急

图 3.6　口门开度 0.6 时流速变化等值线图

图 3.7 显示了港池口门开度为 0.6 时不同长宽比的港池在 5 d 后的示踪剂扩散状态，对比图 3.2 可以看出，口门宽度缩小到港池宽度的 60%后，港池内的污染物浓度与口门缩窄前相比均有一定程度的减小。对于长宽比较大的矩形港池而言，末段港池仍有一部分水域的示踪剂浓度大于 0.50，如方案 P5 和 P6。

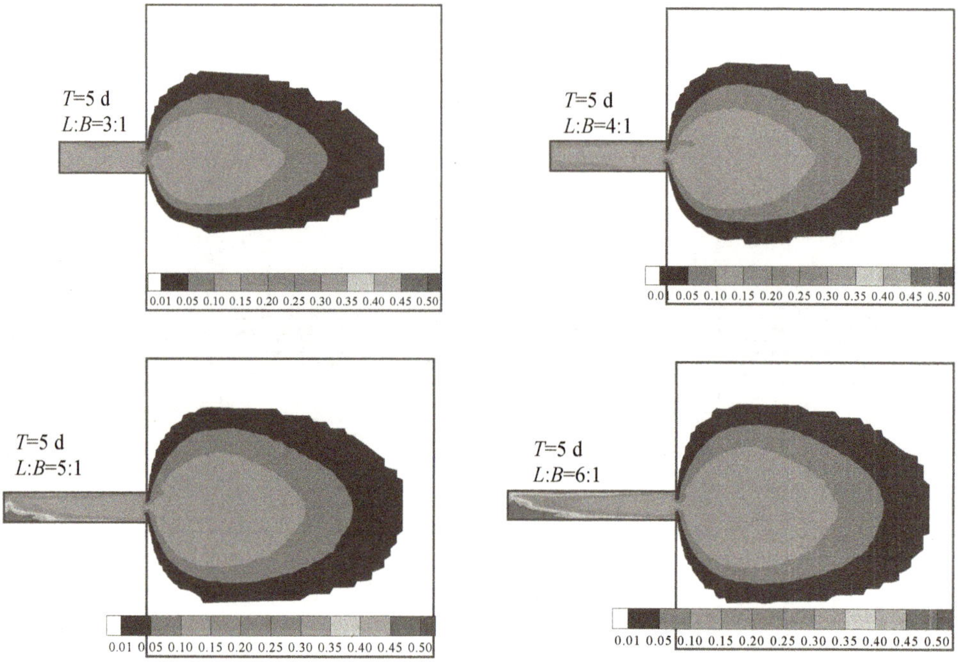

图 3.7　港池口门开度 0.6 时 5 d 后的扩散状态

在保持港池长宽比不变的情况下，缩小港池口门的宽度降低口门开度时，港池内示踪剂的平均浓度下降趋势均出现不同程度的增加(图 3.8)，浓度从 1.0 下降到 0.5 的过程比较快，当示踪剂浓度减小到 0.25 时下降速率趋于平缓。以半交换期作为指标衡量因口门宽度变化引起示踪剂浓度变化的特点不甚明显，因此这里采用示踪剂平均浓度由 1.0 下降到 0.25 所用的时间(3/4 置换期)作为衡量示踪剂下降速率的指标。

图 3.9 显示了 5 种港池长宽比的不同口门开度与 3/4 置换期间的关系曲线。在同一口门开度下对比不同长宽比时的 3/4 置换期变化(表 3.1)可以看出，随着港池长宽比的增加，相应的 3/4 置换期也在增加，且增幅是在不断加大，在 $L:B=$

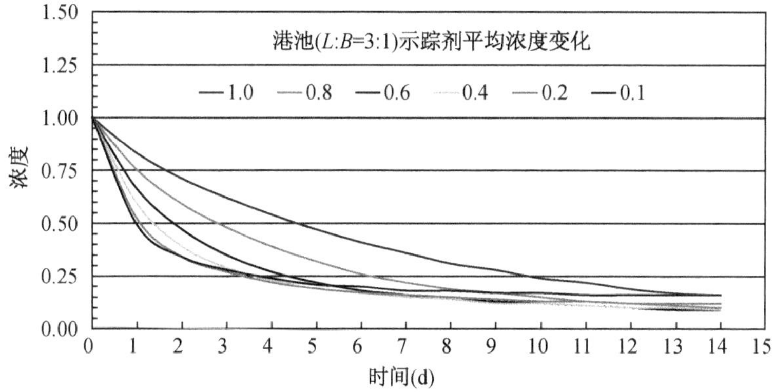

图 3.8 港池长宽比 3:1 时的示踪剂浓度变化

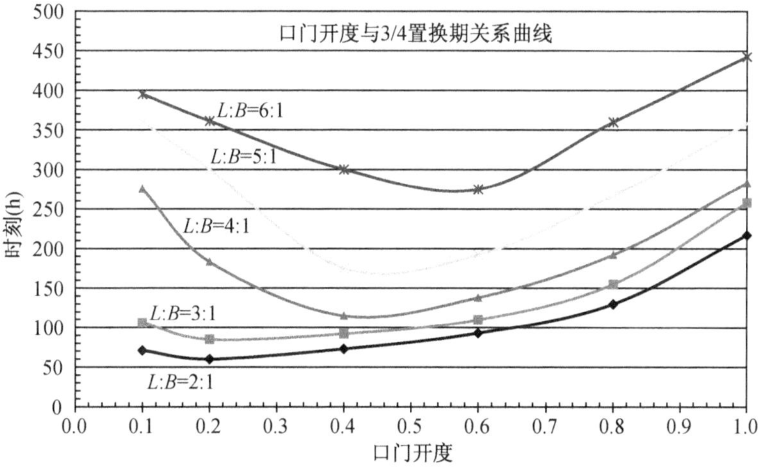

图 3.9 港池口门开度与 3/4 置换期的关系

6：1 时的 3/4 置换期曲线已整体高于 L：B=4：1 时的曲线，即在 L：B=6：1 时无论如何调整口门开度，其相应的 3/4 置换期都大于 L：B=4：1 时的 3/4 置换期，可见在港池长宽比较大时通过调节口门宽度的方式对提高港池内污染物扩散速率的作用不是十分明显。从同一长宽比下的不同口门宽度来看，在口门开度从 0.1 到 1.0 的变化过程中，3/4 置换期呈抛物线变化且都存在一个最低点，如 L：B=2：1 和 L：B=3：1 时在开度 0.2 处 3/4 置换期最小，L：B=4：1 和 L：B=5：1 时在开度 0.4 处 3/4 置换期最小，而 L：B=6：1 时在开度 0.6 处

3/4 置换期最小。从各条抛物线最低点的变化规律来看，长宽比较小时抛物线最低点对应的开度较小，长宽比较大时最低点则对应在较大的口门开度，如 $L:B=6:1$ 时 3/4 置换期的最小值出现在口门开度 0.6 处。可以推测，随着港池长宽比的进一步加大，抛物线最低点对应的口门开度值将会接近 1.0，此时港池口门完全敞开，缩窄港池口门宽度反而不利于港池内污染物的扩散。由上可见，对于半封闭的矩形港池而言，港池的长宽比是影响港池内污染物扩散速率的一个重要因素，通过调节口门宽度的方式也可有效提高港池内污染物的扩散速率，港池口门宽度应根据港池长宽比进行选择，长宽比大的港池应选择较大的口门宽度，而长宽比较小的港池则可通过适当缩窄口门宽度的方法达到利于港池污染物扩散的目的。

表 3.1　示踪剂平均浓度的 3/4 置换期统计

口门开度＼长宽比	2∶1	3∶1	4∶1	5∶1	6∶1
1.0	217	258	283	358	442
0.8	130	155	192	267	360
0.6	93	110	138	192	275
0.4	73	92	115	175	300
0.2	60	85	183	300	361
0.1	71	106	275	360	395

3.4　港池形状对比

以上矩形港池口门正对水流的布局方式对港池内污染物扩散是比较有利的，但港池水域极易受外海波浪扰动和泥沙淤积等影响。通过导堤工程缩窄口门宽度可有效减小波浪和泥沙等对港池水域的影响，但港池的口门段流速增加比较明显，这对船舶的航行安全是不利的。结合以上因素考虑，港池平面布局方式以矩形港池为基础，对矩形港池进行平面变化如图 3.10(以矩形港池长宽比 5∶1 为例)。按照前面方案的编号，称港池平面形状改变后为 P7。从变形前后港池的流态图可以看出，方案 P7 末段港池的流速与方案 P5 相比要稍微小一些。

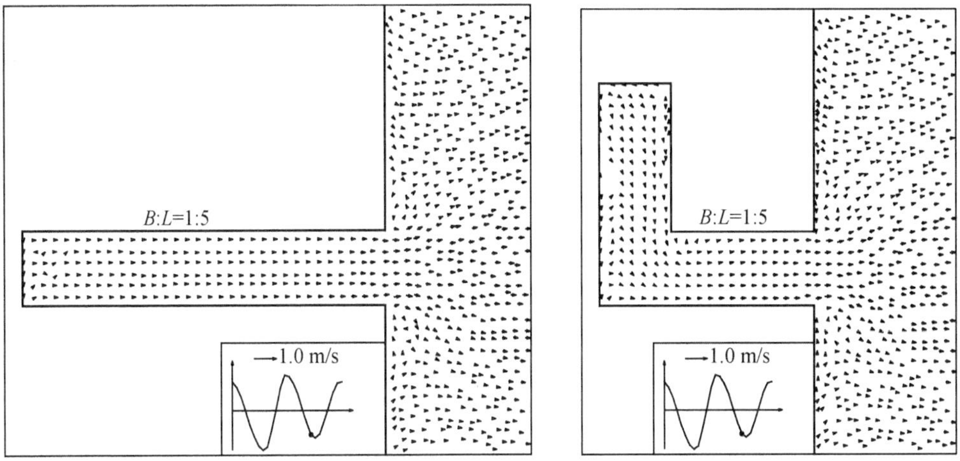

(a) 矩形港池　　　　(b) 形状改变后的港池

图 3.10　港池平面形状改变前后的流态图

从 5 d 后港池形状改变前后的污染物扩散状态来看(图 3.11)，两种方案在港池口门外的扩散范围基本相似，而在港池内的分布状态则有所差别。方案 P5 在港池口门段的示踪剂浓度比方案 P7 小一些，而在港池末段水域的示踪剂浓度相比方案 P5 要稍大一些。

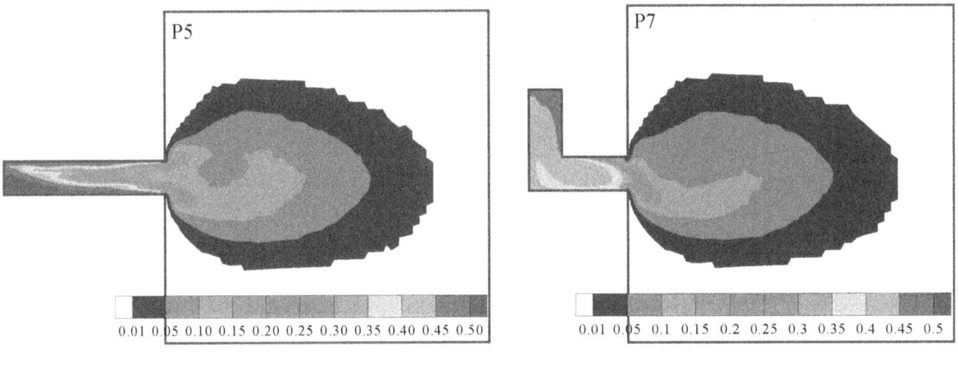

图 3.11　港池形状变化前后的污染物扩散状态

图 3.12 显示了矩形港池变形前后的港池平均浓度和末段港池示踪剂浓度的变化。从示踪剂在港池内的平均浓度变化来看，前 3 d 两种方案的浓度值比较接近，在随后的时间里，方案 P5 的示踪剂平均浓度降低速率要快于方案 P7；从港池

末段示踪剂浓度变化来看，前 6 d 是方案 P5 的示踪剂浓度大于方案 P7，而在 6 d 后则是方案 P7 大于方案 P5。从示踪剂扩散的长期效果来看，无论是比较港池平均浓度还是末段港池的示踪剂浓度，矩形港池方案 P5 都要优于平面布局变形后的方案 P7。因此，矩形港池变形后的污染物扩散速率将会减缓，尤其是处于末段港池水域的污染物扩散速率将会进一步减小。示踪剂扩散速率的减小反映了港池水域水交换能力的减弱，其中末段港池水域的水交换能力最弱，也将成为提高港池水交换的重点水域。

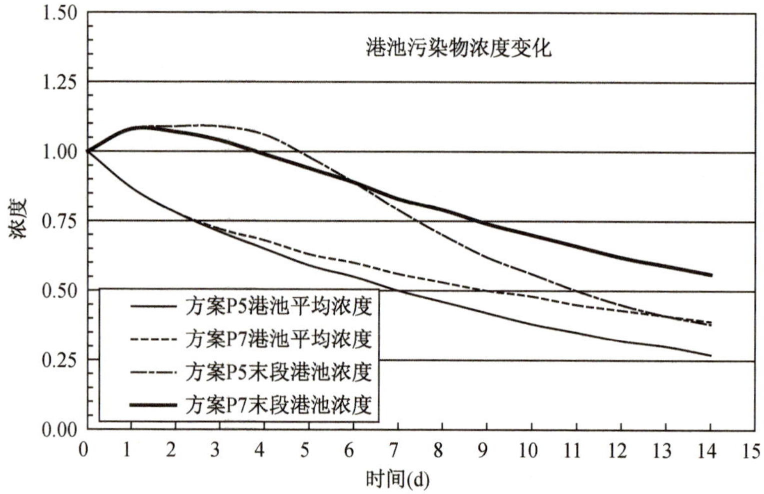

图 3.12　港池形状变化前后的污染物浓度变化

3.5　潮型对比

污染物的扩散输移速率由水动力条件决定，潮汐是海洋地区的主要动力，潮汐的类型直接决定着污染物在港池内输移扩散速率的大小。港池水域的水动力条件由东侧外海边界的正规半日潮控制，潮差 4.0 m，属于大潮潮型，在该潮型基础上乘以 0.75 构成中潮潮型，乘以 0.50 构成小潮潮型，另外按照 2 个大潮、3 个中潮、2 个小潮后接 2 个小潮、3 个中潮和 2 个大潮构成组合潮型，四组潮型分别作为水动力条件模拟矩形港池方案 P2(长宽比为 2∶1)的污染物在半个月时间内的输移扩散过程，从港池的污染物浓度变化来反映不同潮型对矩形港池水交换的影响程度。

在距港池口门以东 10 km 处间隔 3 km 布置 3 个水质点，经过 180 h 后水质点的运移轨迹见图 3.13。水质点净位移表现为由东向西，轨迹呈螺旋状向西运动。大潮潮型下的水质点净位移较长，中潮潮型次之，小潮潮型最短。组合潮潮型下的水质点运移轨迹与中潮潮型比较接近，不同的是 D2 点已进入到外港池水域，其他 3 种单一潮型均未出现 D2 点进入外港池水域的情形。可见，单一潮型下的水质点运移轨迹与组合潮型是有一定差别的，采用单一潮型作为控制条件模拟出的水质点运移轨迹并不能反映出水质点的实际运移轨迹。在大潮潮型下可能会夸大水质点的运移路径，小潮则会削弱水质点运移的效果，中潮也不能完全反映水质点运移的状态。因此，为了模拟海区水质点运移的真实路径有必要根据当地海区的潮汐过程选择合适的组合潮作为潮汐作用的控制条件。

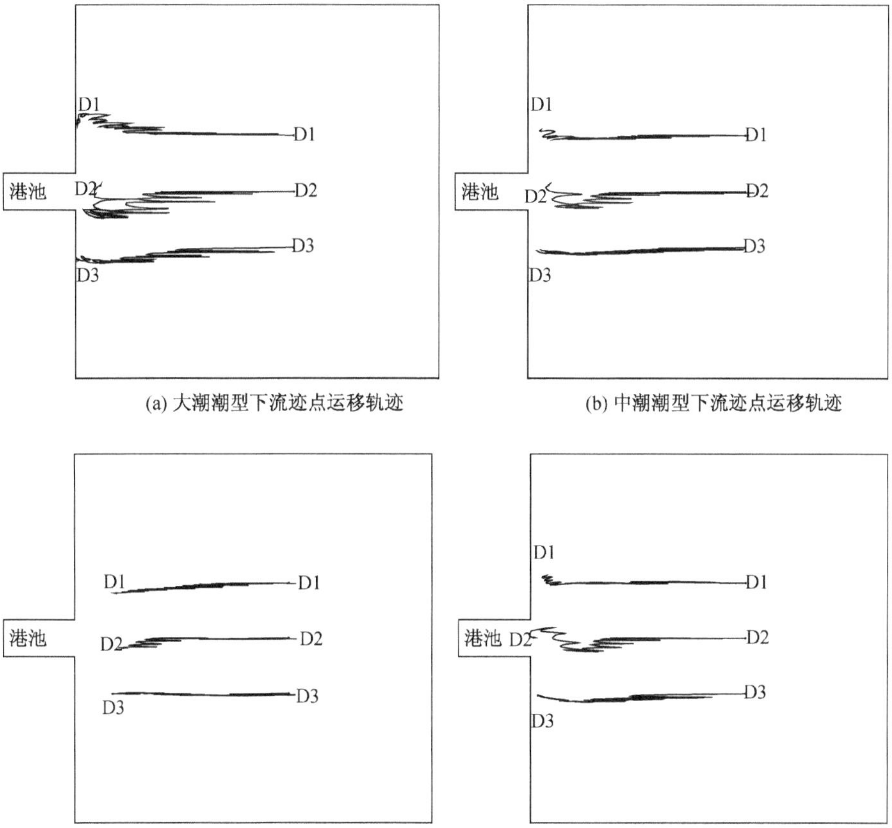

(a) 大潮潮型下流迹点运移轨迹

(b) 中潮潮型下流迹点运移轨迹

(c) 小潮潮型下流迹点运移轨迹

(d) 组合潮潮型下流迹点运移轨迹

图 3.13 不同潮型下流迹点运移轨迹对比

图 3.14 显示了不同潮型下示踪剂在 5 d 后的扩散状态对比。示踪剂在港池口门外的扩散状态均呈扇形，不同的是大潮潮型下示踪剂扩散范围较大，小潮潮型下示踪剂扩散范围不及大潮时的一半，中潮和组合潮介于之间，但形状有所差别。港池内的示踪剂浓度相比较而言，小潮潮型下的示踪剂浓度不仅高而且覆盖范围也最大，大潮时示踪剂浓度已完全低于 0.50，中潮和组合潮下的港池内示踪剂分布状态也有所差别。天然情况下，港池水域的潮汐过程由大中小潮的复合潮型组成，若采用单一大潮潮型作为控制条件将会夸大污染物的影响范围和扩散速率，同样采用单一小潮时则会低估港池污染物浓度的降解速率和影响范围，在对港池污染物进行扩散模拟时将会造成扩散范围和浓度计算的偏差。因此在对实际港池的污染物扩散模拟中，应根据当地海域的潮汐过程选用适合当地的组合潮潮型过程作为水动力模拟的控制条件。

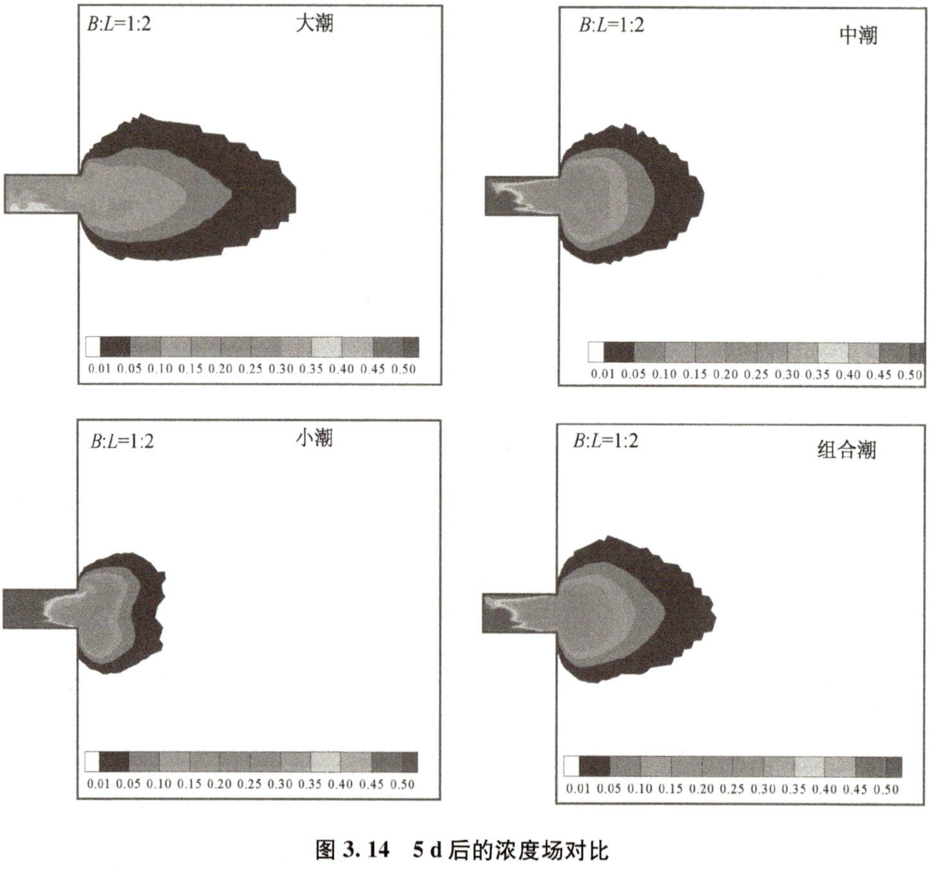

图 3.14　5 d 后的浓度场对比

从图 3.15 港池示踪剂的平均浓度在不同潮型下的变化过程可以看出，港池的示踪剂浓度在潮流作用下呈衰减的变化趋势。对比不同潮型下的示踪剂浓度变化趋势可以看出，大潮潮型下的示踪剂浓度减小速率最快、中潮潮潮型次之、小潮时最慢，组合潮潮型下的浓度变化在前 5 d 与大潮时比较接近，而在 9 d 后则与中潮潮型下的浓度变化过程比较接近。可见，采用单一的大潮潮型或小潮潮型过程将会过高或过低地估计污染物的扩散效果，采用单一的中潮过程也不能真实反映出港池污染物的浓度变化过程。在后文中对具体港池的污染物扩散模拟时，均采用大中小搭配的组合潮作为当地海域的潮动力控制条件。

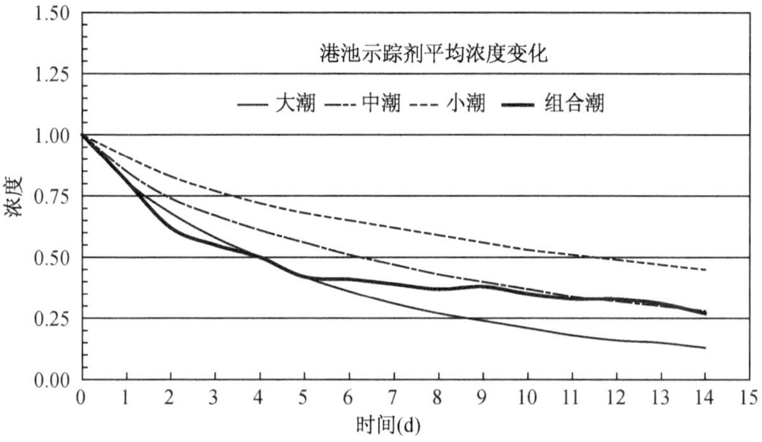

图 3.15　不同潮型下港池污染物浓度对比

3.6　本章小结

通过对概化港池的不同工况的示踪剂输移扩散过程的数值模拟，可以得到以下几点看法：

(1) 在港池口门宽度不变的情况下增加港池长度，将会导致港池内污染物扩散速率减小，处于末段港池水域的污染物扩散速率下降程度尤为明显，这主要是由于末段港池的水动力条件较弱，水交换能力相对最弱。

(2) 半封闭矩形港池的长宽比是制约港池内污染物扩散速率的一个重要因素，通过调节港池口门宽度的方式可有效提高港池内污染物的扩散速率。在同一长宽比下，港池口门存在一个最佳开度，港池口门的开度应根据港池长宽比进行选择，长宽比较大的港池应选择较宽的口门宽度，而长宽比较小的港池则可通过适当减小口门开度达到提高港池内污染物扩散速率的目的。

(3) 矩形港池平面形状变化后如同改变了进入末段港池潮流的流向，相当于潮流侧向进入港池的效果，末段港池污染物浓度变化结果表明港池口门朝向与潮流流向夹角较大时对港池的水交换是不利的。

(4) 采用单一潮型作为模拟港池污染物扩散时可能会造成模拟结果与实际情形偏差较大，选择适合当地海域的组合潮型作为潮汐控制条件可以比较真实地反映出港池水域污染物扩散的实际过程。

影响半封闭矩形港池水交换的因素有很多，本章重点讨论了矩形港池的长宽比和口门开度对港池水交换的影响，其他影响港池水交换的因素还有很多，如港池水深、潮流进入港池的方向角度、港池平面形状以及波浪入射的影响等。本章通过一个概化的半封闭港池进行了水交换的数值模拟，实际的半封闭港池的水交换问题有其自身的特点，比如缩窄港池口门宽度可有利于港池水交换能力的提高，但口门段流速增加后则需要考虑船舶通行的安全问题。对于具体的半封闭港池的水交换问题可针对港池自身的特点制定相应地改善水交换问题的治理措施。后文将采用水质数学模型对伶仃洋东岸的深圳大铲湾和西侧的广州港南沙港区进行潮流运动和污染物输移扩散过程的数值模拟，并探讨改善港池水交换问题的工程治理措施。

4 人工港湾水交换应用实例

人工港湾口门段的水交换率要高于内部港池，通过调整口门宽度、港池长宽比和港池形状等可以提高内港池的水交换率。在具体的半封闭港池规划设计阶段，需要考虑到当地海域的地形、波浪、潮流、泥沙等众多因素的影响，设计出的港池平面布局方式对港池的水交换可能不是最为有利的，这时就要考虑采取相应的治理措施来改善港池的水交换能力，尤其是末段港池的水交换能力，达到改善港池水质状况的目的。本章将以伶仃洋东岸的深圳大铲湾和东侧的广州港南沙港区为例，探讨提高半封闭港池水交换能力的方法和途径。

4.1 深圳大铲湾实例

大铲湾是伶仃洋东岸的重要组成部分，位于珠江口内伶仃洋的矾石水道东南部，岸线长 14 km，是一个半圆形的浅海湾水域面积约 20 km^2，湾口宽约 5 km。大铲湾集装箱港区位于深圳市宝安区西部的大铲湾湾口，大、小铲岛以东。目前，湾内大部分为养蚝区和天然滩涂，水深较浅，淤泥顶面标高约为 2.0 至 −7.0 m，泥面由东往西、由北向南渐低。大铲湾集装箱码头区工程所在海域的污染源主要来自于特区内南山区以及特区外宝安区的入海污染物，污染物总量较大，水质总体上较差。近年来深圳特区内污水处理能力有较大的提高，生活污水处理率达到 58.1%，削减了入海污染总量，但是相对于因近年来深圳社会经济的快速发展、人口数量的急剧增长而不断增长的污染总量仍然是不足的，以致于该片海域总体水质仍呈下降趋势。深圳市环境科学研究所在 2003 年 6 月对工程区的环境影响调查、评价报告指出在大铲湾水域几种主要的污染指标大部分超标，达不到Ⅲ类水质的标准[114]。

4.1.1 水交换现状

图 4.1 为大铲湾水域涨落潮的平面流态。大铲湾的潮流运动受伶仃洋主流控制，进出大铲湾的潮流速受大突堤的压缩作用，在突堤前缘水域流速较大，湾内形成多个回流区，流速都比较小，平均流速在 0.05 m/s 左右，大突堤外侧港池水域的流速较小，湾外在大小铲岛以西水域流速较大，涨潮流速超过 1.00 m/s。

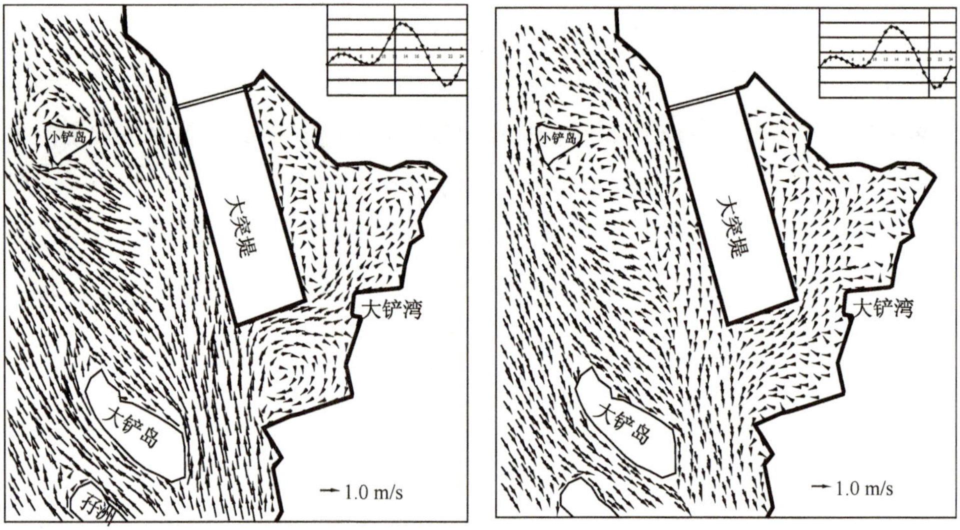

(a) 涨潮　　(b) 落潮

图 4.1　大铲湾水域平面流态

大突堤使大铲湾湾口缩小，湾内潮流运动变缓，西乡河和新圳河两个排污型河流不断有污染物排入湾内，而湾内的污染物不能及时随流输移到外海，随着大铲湾湾内污染物的不断积聚和再生，必将造成大铲湾水域的水质恶化等水环境问题。这里仍采用在湾内一次性产生面源示踪剂的方式，假设湾内污染物初始浓度为 1.0，通过数学模型模拟出湾内污染物在半个月内的输移扩散过程。模型计算过程中的潮流控制条件采用 14 个全潮过程的组合潮型(图 4.2)，即 2 个大潮、3 个中潮、2 个小潮后接 2 个小潮、3 个中潮和 2 个大潮共 14 个全潮，模拟时间为 15 d。

模拟工况为大铲湾内港池开挖后的湾内污染物扩散状况。

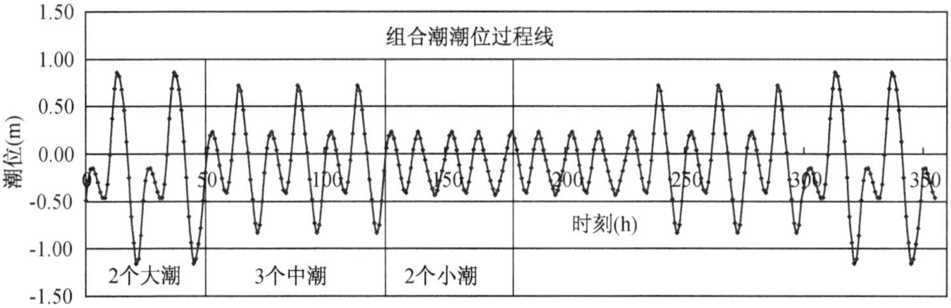

图 4.2 组合潮潮位过程线

大铲湾湾内在各个时刻的污染物扩散状态见图 4.3。在高潮位 $T=13$ h 时刻，由口门进入大铲湾的涨潮流将污染物向湾顶挤压，湾顶污染物浓度部分已超过 1.0，湾口水体污染物浓度较小，在 0.2 左右；在随后的落潮过程中，湾内污染物被落潮流带出，湾内污染物浓度减小，湾口水域的污染物浓度随之增加，但湾顶仍有部分水体的污染物浓度超过 0.8；第 5 d 时，湾顶水域的污染物浓度仍高于 0.40；在随后半个月时间，湾内的污染物浓度在涨落潮过程中随潮流运动不断减小，15 d 后湾内的污染物浓度均小于 0.1；从湾内污染物空间分布变化来看，湾口的污染物浓

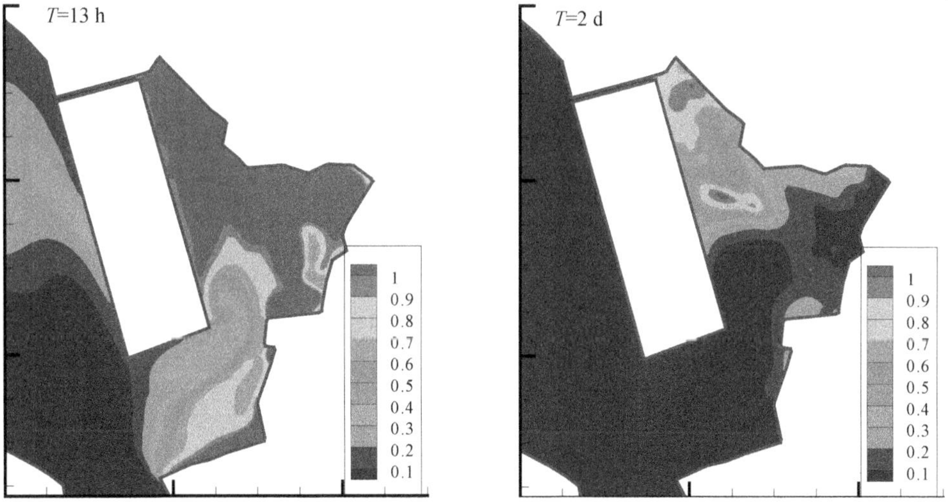

图 4.3 大铲湾各时刻的污染物扩散状态

度减小速度最快，湾顶的污染物浓度减小速度最慢，这可以反映出湾顶的水交换能力较弱。因而湾顶将成为大铲湾湾内污染最为严重的水域，如果要对大铲湾进行水污染治理，首先就要对湾顶水域的水环境问题进行治理，提高湾顶水体的水交换能力。根据湾顶的地理位置，可优先选择开渠作为提高湾顶水域水交换能力的措施，也可采用泵站抽水的方式直接将湾顶污水排到外海稀释。

4.1.2 人工开渠

从前面模拟出的大铲湾水域污染物扩散情况来看，湾顶水域通过大铲湾口门进行水交换的路径较长，若在湾顶直接开渠通向外海则可增加水体交换的通道(见图 4.3)，提高湾顶水体的流动性。水渠为湾顶和外海的水交换提供了通道，但水渠能否起到提高湾顶水域水交换能力的作用，这要看水渠两端是否存在天然的水面比降。从图 4.4 水渠两端即湾顶和外海的潮位过程线来看(以珠江基面为基准，简称珠基)，二者的潮位过程线基本重合。水渠两端在涨落潮过程中存在的逐时潮位差非常小，可以设想水渠打开后，水渠内的潮流运动将会十分微弱甚至不产生流动，这种开渠方式对提高湾顶水域的水交换作用也将是十分微弱的。

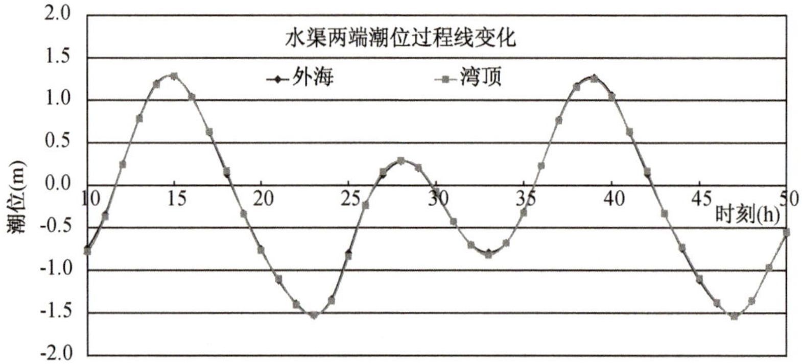

图 4.4 湾顶与外海潮位过程线

水渠设计宽度 50 m，长 1 000 m，渠底高程－5.0 m(珠基)，在数学模型中通过打开水渠两端的计算单元边来实现水渠内的网格单元参与模型计算。从模拟出的开渠后的大铲湾流态平面图(图 4.5)可以看出，在涨潮时刻，潮流通过水渠由外海流入大铲湾湾顶，但流速较小，仅有 0.06 m/s，而在落潮过程中，潮流从湾顶通过水渠流向外海,流速也比较小。可见,水渠打通后水渠内的水流运动十分微弱,这与前面设想的结果比较吻合。水渠内微弱的水流运动对湾顶水域的水质状况改善是非常有限的,起不到立竿见影的效果。此时,可通过泵站抽水的方式将湾顶高浓度的污水直接排出以达到降低湾顶污染水体浓度的目的。

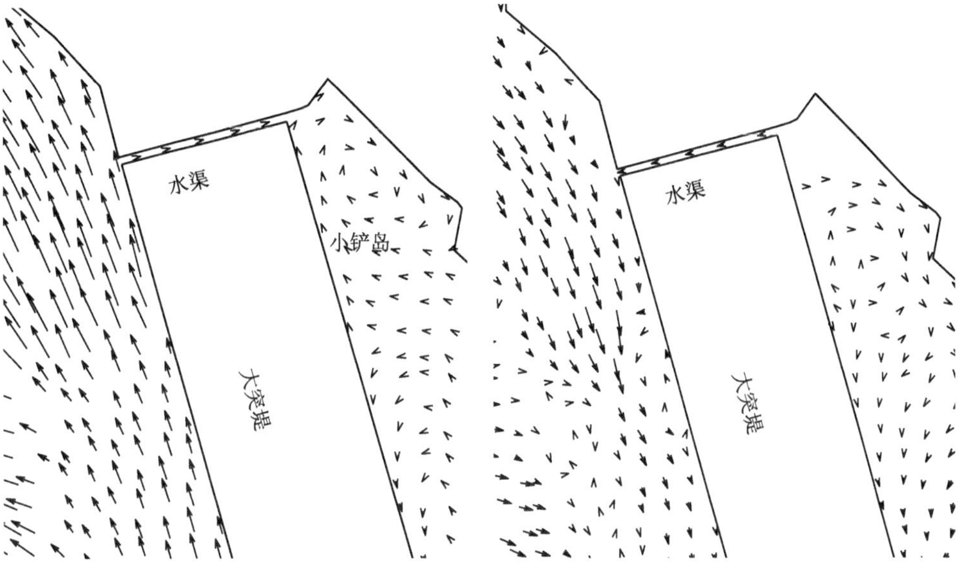

(a) 涨潮 (b) 落潮

图 4.5 大铲湾开渠后平面流态图

由图 4.6 的开渠后大铲湾各时刻的污染物扩散状态来看,在 $T=13$ h 时刻的涨潮过程中,外海的少量清水通过水渠进入湾顶,对湾顶水域的污染水体起到了一定的稀释,湾顶水体的污染物浓度有所减小,但仅限于水渠渠口附近较小范围的水域;而在 2 d 后,湾内水体污染物分布状况与开渠前比较相似。可见,采用开渠方式对降低湾顶水体污染物浓度的作用比较小。

4.1.3 泵站抽水

泵站设在湾顶水渠端口的位置,设计抽水流量 50.0 m^3/s。从泵站抽水后的涨落潮平面流态(图 4.7)来看,在涨潮过程中,湾顶水域的回流趋势加强;而在落潮过程中,湾顶水域的水流在泵站抽水作用下向抽水口流动。泵站抽水使湾顶水流的活动性增强,污染水体可在回流的充分搅拌后通过水泵抽水排出湾顶。

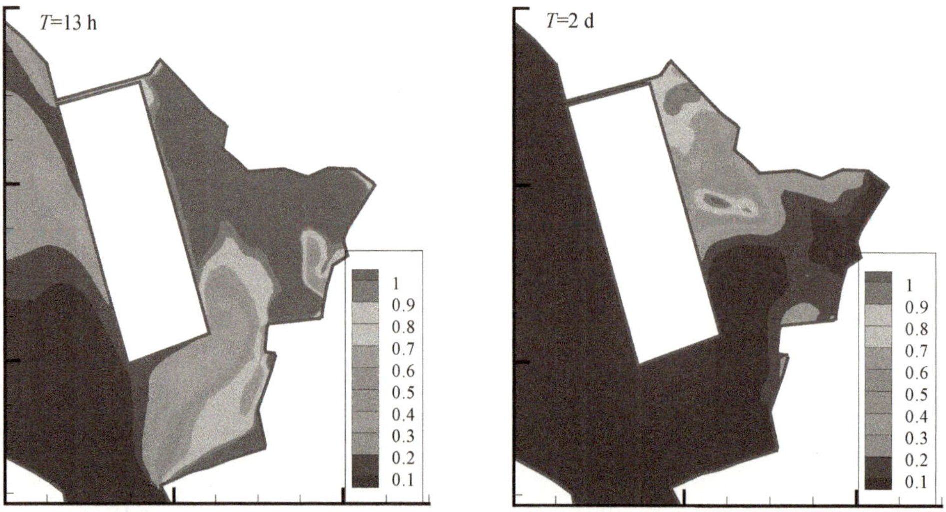

图 4.6　开渠后大铲湾各时刻污染物扩散状态

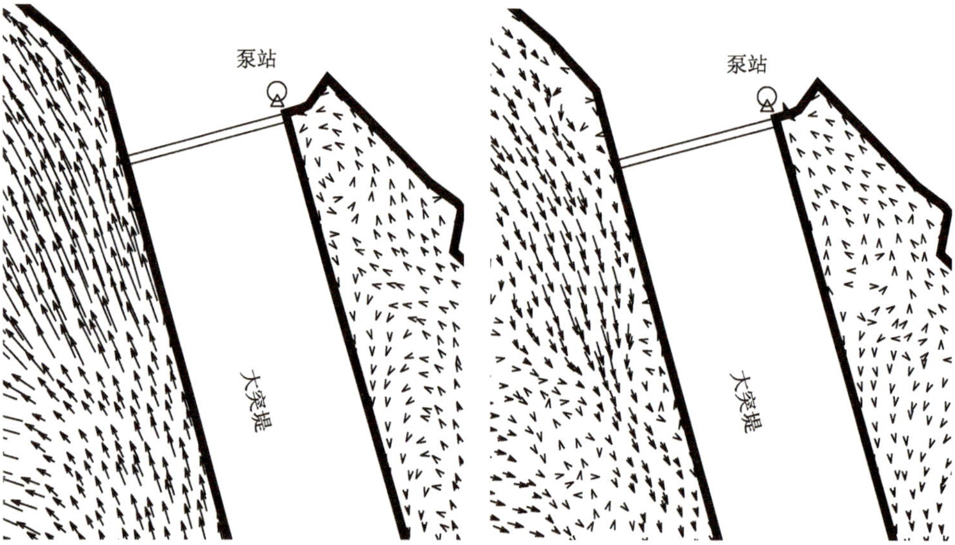

图 4.7　泵站方案大铲湾涨落潮平面流态图

从图 4.8 的泵站方案大铲湾各时刻的污染物扩散状态变化来看，湾口水域的污染物浓度变化依然由潮流运动控制，涨潮时较小，落潮时较大；湾顶水域在涨潮流和抽水的双重作用下成为污染物聚积的区域，该水域的污染物浓度始终较高。

在涨潮过程中，涨潮流将湾内污染物推压到湾顶水域，这个过程对泵站抽水排污是十分有利的，因为在同一排放量下，污染水体的浓度越高，排出的污染物总量就越大。可以看出，2 d 后，湾内水体污染物浓度已基本小于 0.2，5 d 后，水体污染物浓度已完全低于 0.1。可见，采用泵站抽水的方式来改善湾顶水质状况要比开渠的效果明显许多。

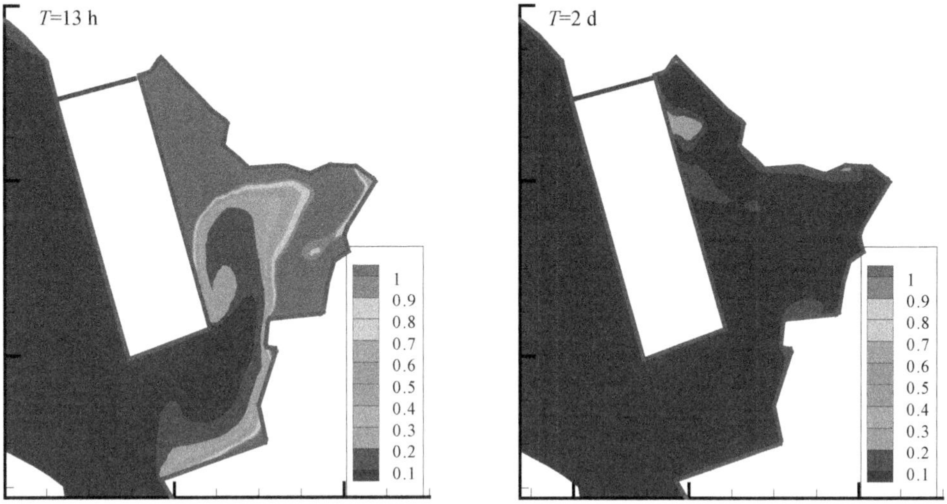

图 4.8　泵站方案大铲湾各时刻污染物扩散状态

4.1.4　治理方式对比

通过比较湾顶水体的污染物浓度变化可以看出两种方式对湾顶水域水质状况的改善效果。图 4.9 为湾顶水体在开渠前后以及泵站方案下的浓度变化，初始浓度均为 1.0，在不采取工程措施时，污染物浓度呈波状递减趋势，在涨潮过程中湾内污染物被涨潮流推压至湾顶从而造成湾顶污染物浓度增加，落潮过程中湾顶污染物随落潮流输移扩散，致使湾顶污染物浓度减小，但湾顶污染物浓度变化的总趋势是在不断减小；开渠方式下的污染物浓度变化趋势和现状比较相似，前 2 d 的湾顶污染物浓度比现状要稍微小一些，在以后的时间里，二者浓度变化基本一致。抽水方式在第一个涨潮过程中，污染物浓度达到 1.70，这是在大铲湾湾口涨潮流和抽水的双重作用下，更多的污染物聚积到排污口所致。若增加泵站的抽水流量，湾顶水域的污染物浓度下降速率将会更快一些。

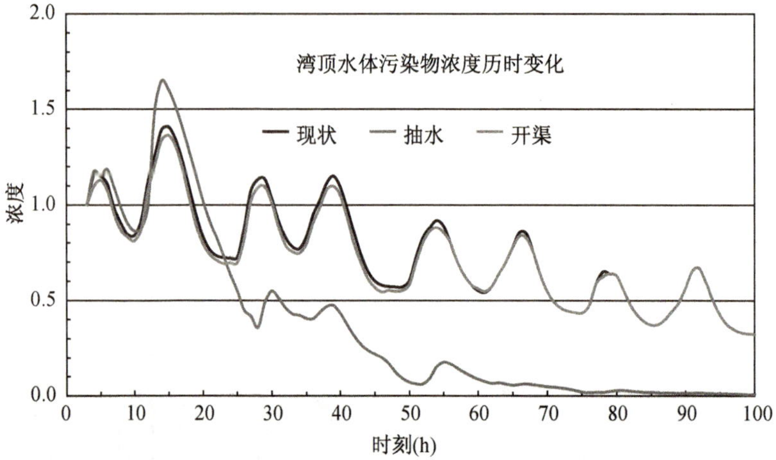

图 4.9　湾顶排污口浓度变化

湾顶水域成为大铲湾水环境问题治理的瓶颈，提高湾顶水域的水体交换量是解决湾顶水质状况的有效措施。选择开渠作为工程治理措施时，由于开渠两端存在的水面比降很小，水渠内水流运动缓慢，对提高湾顶的水体交换量效果不甚明显。泵站抽水方式直接将湾顶污染水体排出，不受大铲湾水域的潮位等条件限制，且对改善湾顶水质状况的效果比较明显，在湾顶水体污染较为严重时可增加泵站抽水流量，人为控制性较强。泵站方案效果较好的结论与大铲湾内港池潮流水质物理模型试验结果比较一致[49]。

4.2　广州港南沙港区实例

广州港南沙港区是广州港未来的主力港区，也是广州市未来南部产业发展的支撑。南沙港区位于伶仃洋西岸的龙穴岛上，北邻凫洲水道，西南隔龙穴南水道与万顷沙相望，东部岸线面临伶仃洋深水航道。南沙港区重点分布在龙穴岛作业区，规划范围涵盖了整个龙穴岛围垦区，龙穴岛围垦区目前堤内围填面积达 48.0 km^2，规划成陆面积 65 km^2，具有丰富的港口岸线资源和工业用地资源[115]。从 2000 年到 2003 年，多家科研单位对南沙港区建港条件进行了大量的科研和试验工作，整个龙穴岛东侧岸线都具有开辟为港口深水岸线的水沙条件[116-117]。为了进一步降低港区建成后的维护成本，寻求更好的岸线利用方案，需要探索挖入式港池在这里建设的可行性。相关科研成果表明[118]，南沙港区挖入式港池的泥沙回淤优于东部顺岸港池，这为南沙港区挖入式和顺岸式结合的布局框架提供了科学依据。

4.2.1　问题的提出

根据南沙港区的远期规划，中部挖入式港池分三个阶段建成，港区最终布局平面布置如图 4.10 所示。中部挖入式港池三期形成后，港池水域面积达 5.0 km²，纵深 6.3 km。港池内流弱沙少，泥沙回淤较少，这对船舶停靠码头、进出港以及港池维护都是十分有利的。然而，由于港池内水体流动缓慢，通过港池口门与外海水体的交换量会比较小，尤其是港池末段水体将会长时间滞留在港池，难以与外海进行交换的水体必将导致港池水域的水环境容量下降，加上进出港池的船舶排污和码头陆域排污，港池水体的水质恶化将不断加剧。考虑到港区水质恶化的可能性，这里提出了修建河涌的方案，即在二、三期港池建成后，在港池末端 B1-B2 和 C1-C2 位置建河涌，作为连通港池和龙穴南水道进行水体交换的通道，河涌设计宽度 50 m，底标高－5.0 m。河涌能否起到预先设计的功能，对改善港池水环境效果如何以及是否有更好的治理措施，这都需要做进一步研究。为叙述方便，将口门段的一期港池称为外港池，二期港池为中港池，末段的三期港池为内港池。

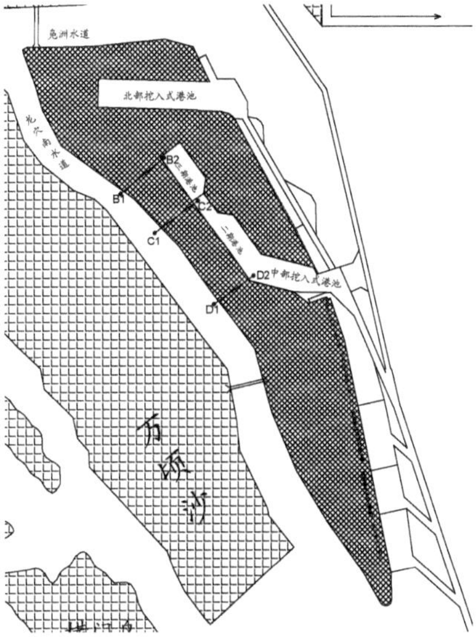

图 4.10　南沙港区远期规划示意图

水动力条件仍用 14 个大、中、小潮组合潮型控制，模拟半个月时间的潮流动力变化。污染物采用面源方式替代，在挖入式港池内均匀产生初始浓度为 1.0 的示踪剂模拟污染物在潮流作用下的输移扩散过程。为保证计算的稳定性，在第 3 h 释放面源示踪剂。两个河涌的位置也采用三角形网格进行剖分，河涌单元网格参与计算与否可通过河涌两端的单元边进行控制，各种计算方案通用一套计算网格。

由第 3 章的概化港池模型计算分析可知，该半封闭的矩形港池长宽比超过了 1∶6，且平面上发生了变形，水流侧向进入港池，这些因素对港池的水交换尤其是末段港池的水交换尤为不利。通过调节港池口门宽度，在一定程度上可以提高港池的水交换能力，但作用效果比较有限，必须采取其他有效的措施来提高港池的水交换能力。在对口门段港池的设计时有必要考虑口门导堤工程对港池水交换的效果，通过数学模型模拟出港池口门导堤工程在改善港池水交换状况方面的实际效果。由于南沙港区的挖入式港池纵深较大，口门的导堤工程对提高港池的水交换范围是比较有限的，根据挖入式港池特殊的地理位置可通过连接港池和龙穴南水道的河涌来改善港池内部的水环境状况。这里对南沙港挖入式港池水交换治理工程可分两种方式进行，一是口门导堤工程，二是人工河涌工程。

4.2.2 口门导堤工程

导堤位于港池口门北侧，导堤设计宽度 50 m，长度 250 m。港池口门在没有导堤时宽度为 1 000 m，布置导堤情况下口门宽度为 750 m，口门开度为 0.75。图 4.11 分别为有无导堤情形下港区的涨潮平面流态，南北向的沿岸流侧向进入港池，港池口门段在涨落潮过程中均形成一定范围的回流。有导堤情形下，水流受导堤的压缩，回流区范围向港池内侧延伸，回流区范围几乎覆盖整个外港池水域，无导堤方案下的回流范围相对要小一些。回流范围的增加对污染物扩散是否有利，还需通过对比污染物扩散状态来判断。中港池水流比较弱，但仍随涨落潮流表现为往复流的特性，即涨潮过程水流流向港池末端，落潮过程向港池口门流动。内港池的水流运动非常微弱，港池末段的水流流向略显杂乱无章。

从图 4.12 和图 4.13 在口门有无导堤情形下的港池污染物扩散状态来看，涨潮过程中，由于有导堤方案形成的回流深入港池的范围更深一些，污染物浓度较低水域在外港池所占的范围相对要大一些，在落潮期间，依然是有导堤方案下的污染物浓度要低一些。港池水域的污染物在随后的扩散过程中，前 2 d 二者的污染物分布状况略有差别，这个差别主要体现在外港池水域的污染物分布状况。到第 15 d 时，二者的污染物分布状态比较接近，外港池和中港池的污染物浓度均小于 0.1，

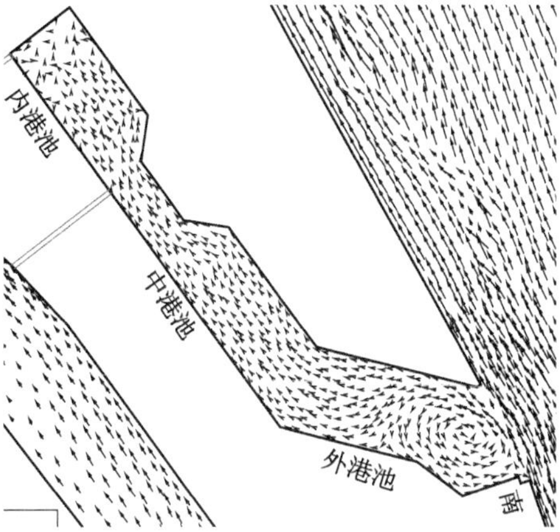

(a) 无导堤 (b) 有导堤

图 4.11 导堤方案涨潮平面流态图

内港池的污染物浓度仍普遍较大，这主要是由于内港池的水体能通过港池口门进行交换的水量非常少，提高内港池的水交换量是改善内港池水质状况直接而有效的方式。

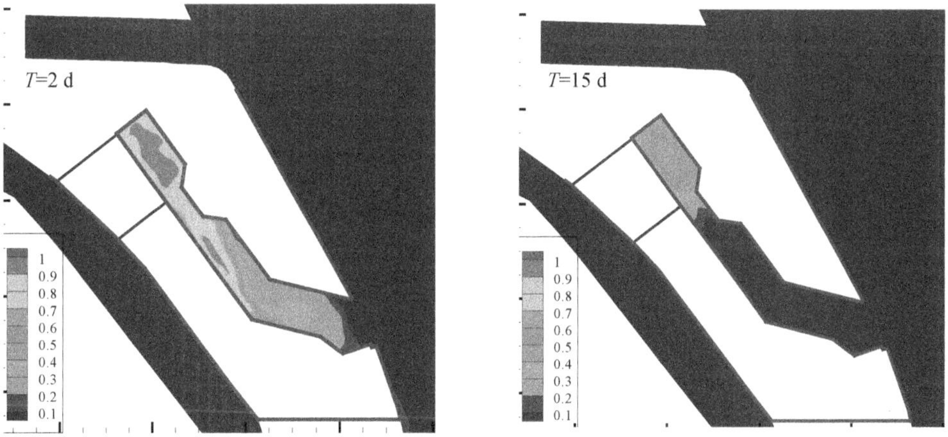

图 4.12 无导堤方案各时刻污染物扩散状态

从表 4.1 统计出的有无导堤情形下各港池的浓度历时变化来看，在第 1 d 内，无导堤方案的外港池浓度从 0.99 减小到 0.51，中港池浓度从 1.00 减小到 0.77；对于有导堤方案，外港池和中港池的浓度分别减小到 0.39 和 0.68；对于内港池，两

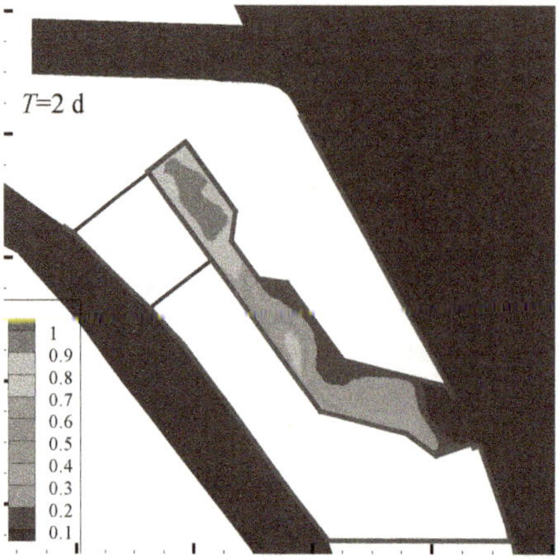

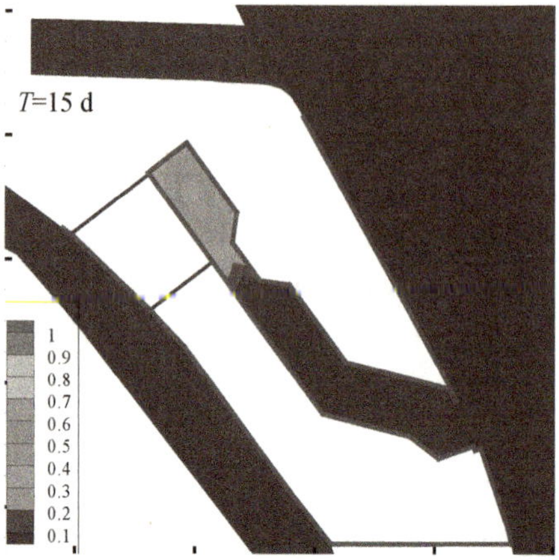

图 4.13　有导堤方案各时刻污染物扩散状态

种方案的效果比较一致，都从最初的 1.00 减小到 0.83。从各港池半个月内的浓度变化情况来看，5 d 内仍是有导堤方案浓度减小速度稍快，而在 5 d 至 15 d 内，两种方式对港池污染物浓度的减小效果比较接近，外港池浓度减小为 0.00，中期港池为 0.04，内港池为 0.46。由上可见，导堤工程对外港池和中港池的水质状况改善在短期内效果比较明显，但对港池水质状况改善的长期效果与无导堤情况时差别不大，可以看出通过口门导堤工程减小口门开度的方式对港池尤其是内港池水质状况改善的效果不是十分明显。

表 4.1　导堤方案港池浓度 1 d 内的变化

时刻	无导堤方案			有导堤方案		
	外港池	中港池	内港池	外港池	中港池	内港池
3 h	0.99	1.00	1.00	0.99	1.00	1.00
4 h	0.90	0.99	1.00	0.84	0.99	1.00
5 h	0.88	0.97	0.99	0.83	0.97	0.99
6 h	0.83	0.96	0.99	0.80	0.97	0.98
7 h	0.80	0.94	0.96	0.77	0.94	0.96
8 h	0.79	0.90	0.93	0.72	0.90	0.93
9 h	0.77	0.88	0.91	0.67	0.88	0.91
10 h	0.76	0.88	0.91	0.64	0.88	0.91

续表

时刻	无导堤方案			有导堤方案		
	外港池	中港池	内港池	外港池	中港池	内港池
11 h	0.75	0.89	0.92	0.64	0.89	0.92
12 h	0.72	0.92	0.95	0.65	0.91	0.95
13 h	0.65	0.95	0.99	0.61	0.93	0.99
14 h	0.62	0.97	1.02	0.58	0.94	1.02
15 h	0.60	0.98	1.02	0.58	0.92	1.02
16 h	0.59	0.97	1.01	0.58	0.87	1.01
17 h	0.58	0.94	0.98	0.55	0.84	0.98
18 h	0.57	0.90	0.95	0.51	0.80	0.95
19 h	0.54	0.87	0.92	0.45	0.77	0.92
20 h	0.53	0.84	0.90	0.42	0.75	0.90
21 h	0.52	0.82	0.87	0.40	0.73	0.87
22 h	0.51	0.80	0.85	0.40	0.71	0.85
23 h	0.51	0.78	0.84	0.39	0.69	0.84
24 h	0.51	0.77	0.83	0.39	0.68	0.83
2 d	0.26	0.59	0.79	0.23	0.46	0.79
3 d	0.17	0.42	0.79	0.12	0.26	0.79
4 d	0.12	0.26	0.77	0.06	0.18	0.76
5 d	0.07	0.19	0.74	0.04	0.13	0.73
6 d	0.05	0.14	0.71	0.02	0.10	0.71
7 d	0.04	0.11	0.70	0.02	0.08	0.69
8 d	0.03	0.09	0.68	0.01	0.06	0.68
9 d	0.02	0.08	0.67	0.01	0.05	0.66
10 d	0.01	0.06	0.65	0.01	0.04	0.64
11 d	0.01	0.06	0.60	0.00	0.04	0.60
12 d	0.01	0.06	0.56	0.00	0.05	0.55
13 d	0.01	0.05	0.53	0.00	0.04	0.52
14 d	0.00	0.05	0.50	0.00	0.04	0.49
15 d	0.00	0.04	0.47	0.00	0.04	0.46

4.2.3 人工河涌工程

该挖入式港池纵深较大，导堤工程对口门附近的外港池以及中港池水交换的改善效果比较明显，对内港池的作用效果却是微乎其微。根据内港池的特殊地理位置，可选择以河涌方式连接港池和龙穴南水道，通过港池与龙穴南水道的水体交换来改善内港池的水环境状况。

水位差是水流流动的充分条件，根据中部挖入式港池所处位置，要使连通河涌起到中部挖入式港池与龙穴南水道水体交换的作用，河涌两端必须有潮位差（水面比降）。为此，在龙穴南水道和中部挖入式港池间有可能作为连通河涌位置的两端布设三组潮位采样点（见图 4.10），图 4.14 为采样点 C1-C2（内港池与龙穴南水道间）在计算时段内的潮位过程线，其他组采样点间潮位对比关系与 C1-C2 类似。可以看出，三个对比位置均存在逐时潮位差，落潮期间龙穴南水道潮位高于挖入式港池，涨潮期则是挖入式港池高于龙穴南水道，若河涌连通后涨潮期间水流自港池流入龙穴南水道，落潮期水流则自龙穴南水道流入港池。

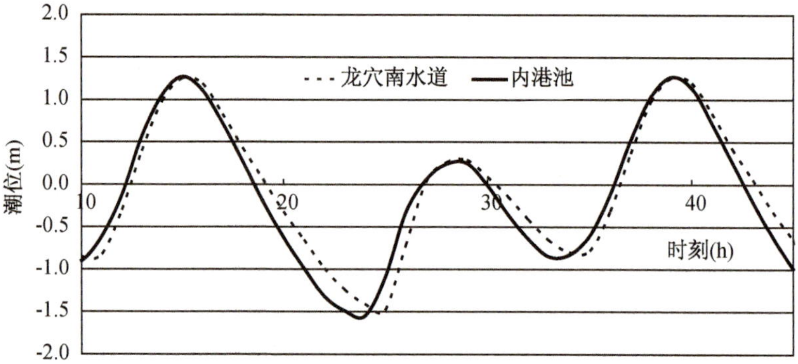

图 4.14 内港池与龙穴南水道潮位过程线对比

连通河涌两端潮位差越大，具有水体交换的潜力就越大。通过对三组潮位过程线潮位差值的统计（表 4.2），可以看出潮位差最大位置在 B1 与内港池末端 B2 之间，其次是中港池末端的 C1-C2 位置，D1-D2 间潮差最小。由此可判断，龙穴南水道越向上游，其与挖入式港池内的潮位差越大；愈到港池末端，港池与外界发生水体交换的潜力就愈大[9]。

表 4.2 龙穴南水道与港池间潮位差对比 m

位置	涨潮潮位差最大	涨潮平均潮位差	落潮潮位差最大	落潮平均潮位差
B1-B2	0.29	0.16	0.25	0.13
C1-C2	0.28	0.14	0.22	0.12
D1-D2	0.28	0.13	0.17	0.11

通过对港池和龙穴南水道潮位差的比较，两者在涨落潮过程中都存在水位差，河涌连通后，水流通过河涌可以在龙穴南水道和挖入式港池间相互流动，进入港池的清水可以起到稀释污水的作用，港池水体流出港池则可以起到排污作用，这对改善挖入式内港池的水环境状况十分有利。这里以口门无导堤工程为本底，提出了开通两条河涌(B1-B2 和 C1-C2)的工程治理方案。

图 4.15 显示了河涌方案的涨落潮平面流态。河涌内的水流运动正如以上分析所示，涨潮过程中水流从港池流出到龙穴南水道，落潮期间水流由龙穴南水道进入港池，河涌内最大流速达到 1.50 m/s。在河涌 B1-B2 的水流作用下，内港池水域产生了较明显的回流现象，河涌 C1-C2 也使中港池水域产生了小范围的回流现象。两条河涌均提高了港池水域的水流活动性，可以有效提高港池水体与龙穴南水道的水体交换量。从图 4.16 的河涌流量过程来看(负号表示从港池流向龙穴南水道)，通过河涌流入和流出港池的水量随涨落潮过程的变化比较均衡，最大流量达到 400 m^3/s，平均流量为 200 m^3/s。通过内港池末端的 B1-B2 河涌的流量要比中港池的 C1-C2 河涌稍大一些。

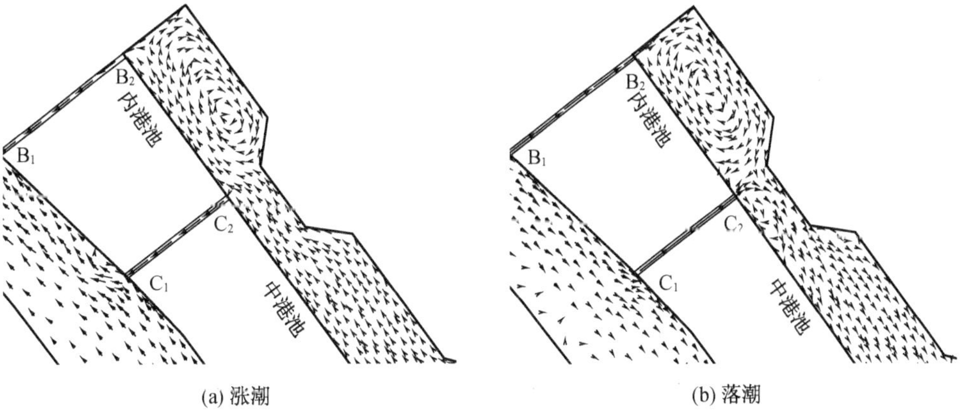

图 4.15 河涌方案涨落潮平面流态

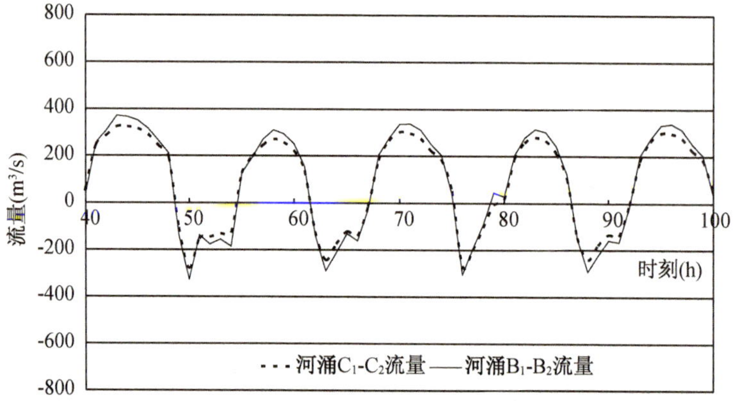

图 4.16 河涌断面流量过程线

从河涌方案的港池污染物随时间的扩散状态(图 4.17)来看,落潮过程中有清水自龙穴南水道进入港池,由于清水的稀释作用,处在港池河涌进水口附近水域的污染物浓度较低;涨潮过程中,港池内水流流向河涌,港池内浓度较高的水体涌向河涌进口处,造成河涌进口附近水域的污染物浓度较大。两天后,内港池和中港池的污染物浓度全部低于 0.1,这要比未开通河涌时提前许多天。

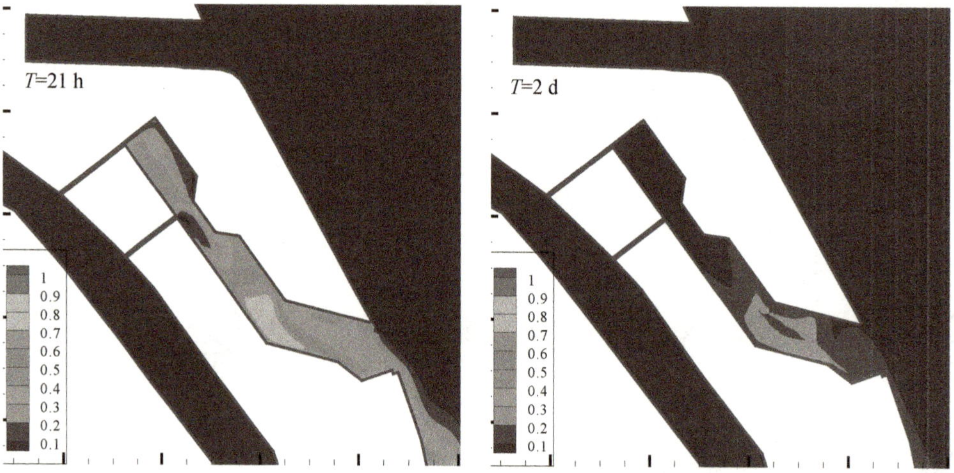

图 4.17 河涌方案各时刻港池浓度场变化

图 4.18(b)显示了河涌方案下各段港池浓度值的变化,外港池浓度在 1 d 之内

由 0.99 减小到 0.42，中港池和内港池浓度则分别减小为 0.31 和 0.23。三段港池的浓度在第 3 d 已完全低于 0.10，这均要比开通河涌前提前许多天；三段港池污染物浓度减小的速率都非常快，可见河涌工程有效地增加了港池尤其是内港池的水体交换量，提高了内港池的水交换能力。

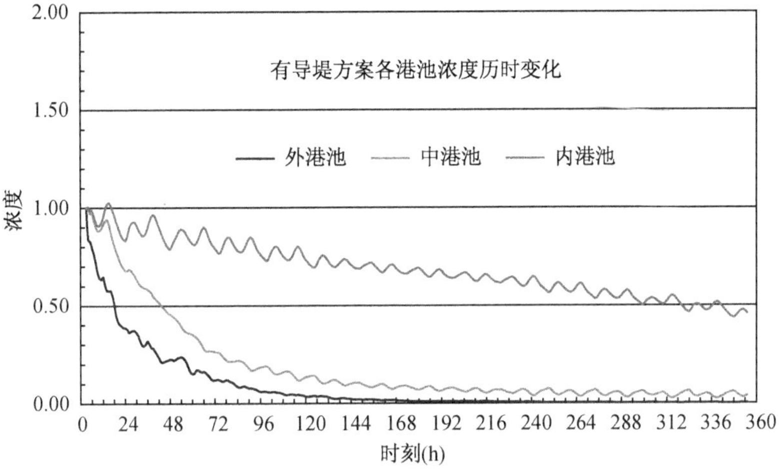

图 4.18(a) 导堤方案下各港池浓度变化

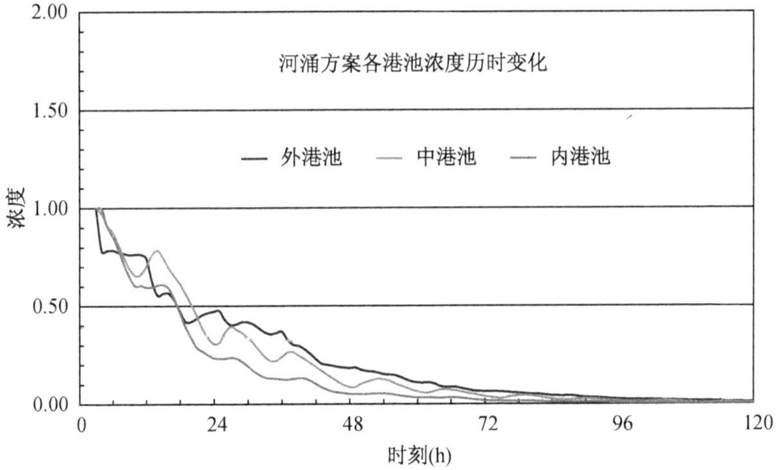

图 4.18(b) 河涌方案下各港池浓度变化

另外，在龙穴岛东侧顺岸流的作用下，由中部挖入式港池随落潮流带出的污染物在随后的涨潮过程中，会有部分随流北上进入到北部挖入式港池内。这是水环境问题治理过程中应该注意的，不可在该水域环境问题得到治理的同时而给其他水域带来新的环境问题。

4.3 治理效果评价

对比大铲湾湾顶开渠和南沙港区挖入式港池开通河涌的效果来看，南沙港区的挖入式港池与龙穴南水道之间的逐时潮位差过程比较明显，开渠后港池内外的水体交换量明显增加，港池内污染物扩散的速率明显加快。在水渠断面尺度相同时，南沙河涌的平均流量为 200 m^3/s，而通过大铲湾水渠的断面流量却微乎其微。造成二者开渠效果的差异可从以下原因解释：伶仃洋潮波在向南沙港区水域传播的过程中，主要受浅滩、岸线边界的反射作用以及蕉门水道下泄径流顶托的影响，而进入龙穴南水道的潮波产生了潮波变形，形成了龙穴南水道的潮位过程相对于龙穴岛东岸水域出现后落后涨的相位差；另外，虎门口属于潮汐型河口，蕉门口则属于径流型河口，在低潮位时刻会出现蕉门口潮位高于虎门口的现象，龙穴南水道潮波的特性受蕉门口径流作用影响较大，必然会在龙穴南水道与南沙港东岸之间产生潮波的潮位差变化，这为南沙港区挖入式港池与龙穴南水道进行水交换提供了天然条件。利用龙穴南水道和挖入式港池间存在逐时潮位差的条件开通河涌可以有效增加末段港池的水体交换量，达到改善挖入式港池水质状况的目的。伶仃洋东岸的大铲湾属于潮汐型海湾，湾顶水渠位置两端的潮波传播特性比较接近，不足以产生比较明显的潮位差，这是大铲湾湾顶开渠效果不明显的主要原因。

4.4 本章小结

本章通过两个具体的工程实例叙述了开渠在提高港池水交换方面的作用。深圳大铲湾和南沙港区挖入式港池在水交换方面的共同特点是，末段港池都成为港池水域水交换最差的水域，也是港池水环境治理的重点水域。为了提高末段港池的水交换能力，均尝试采用末段港池开渠的方式来增加水体交换量。水质模型模拟结果表明，南沙港区的挖入式港池采用连接龙穴南水道的河涌工程后，末段港池的水交换量显著增加，港池内的污染物扩散速率明显加快；而大铲湾湾顶开渠后，水渠内水流运动缓慢，湾顶水域的污染物扩散速率增加效果不甚明显，而在湾顶位置采用泵站抽水方式则可有效提高湾顶水域的污染物扩散速率。

5 结论与展望

5.1 主要研究结论

(1) 海港的发展从近岸到离岸、从顺岸式到环抱式或挖入式,半封闭式港池的布局方式在增加码头岸线、改善泊位安全条件和减少泥沙回淤的同时却为港池的水环境问题埋下了隐患。半封闭港池的工程水环境问题与港池的工程泥沙、工程安全等问题具有同等重要的地位,在港池设计初期阶段应该引起足够的重视并开展相关的研究。

(2) 半封闭港池通过港工建筑物减小了港池内外水体交换的通道,原本交换通畅的水体被长时间滞留在港池内,港池水体流动缓慢,更新速率下降,加上污染物的不断排入,港池内水体的水环境问题将日益突出。解决该类水环境问题的直接途径就是提高港池内外水体的交换能力。

(3) 在对水交换问题研究时采用了水质模型的数值模拟手段。针对河口海湾地区特殊的地形条件,采用无结构网格对研究水域进行离散,采用有限体积法求解离散单元上水流及污染物参数的时空分布。重点介绍了多变地形下浅水方程底坡源项的处理方式,有效消除了静水的虚假流动现象,本书对该处理方式下浅水方程的平衡性进行了着重证明;对于含有二次偏导数的紊动项,这里采用界面平均值进行计算,优点在于处理方式简单、提高了计算效率并保持了计算精度;对于动边界问题的干湿单元转换进行了缓流和急流两种情形的考虑,模型可以起到精确模拟边滩淹没和出露的效果。最后对经典算例和伶仃洋潮流水质模型进行了验证,计算结果与实际情况比较相符。

(4) 概化港池的水交换数值模拟结果表明：在港池口门宽度不变的情况下增加港池深度，将会导致港池尤其是港池末段水域的水交换能力减弱。矩形港池的长宽比是制约港池水交换的一个重要因素，在同一长宽比下港池口门存在一个最佳宽度的选择，港池口门开度应根据港池的长宽比进行选择，长宽比较大的港池应选择较宽的口门宽度，而长宽比较小的港池则需要适当减小口门开度。采用单一的潮型过程对港池的水交换能力进行评估时将会出现偏差，应根据当地海域的潮汐过程选择合适的组合潮型作为水动力的控制条件。

(5) 大铲湾湾顶水域长期处于弱流状态，是大铲湾水交换能力最弱的水域。水质模型模拟结果表明，水渠两端潮位差不明显，开渠后水渠内水流运动缓慢，对提高湾顶水域水交换的效果十分微弱；泵站抽水方式则可有效减小湾顶水体的污染物浓度，改善湾顶水质状况的效果比较明显。

(6) 南沙港区挖入式港池水域面积较大，纵深较长，港区内流弱沙少。口门段港池水域的污染物浓度能 1 d 内下降一半，港池末段水体的半交换期则需要半个月。根据港池的特殊地理位置，选择河涌作为水体交换的通道。河涌两端在涨落潮过程中存在逐时潮位差，河涌连通后，水流在涨潮过程中由港池流向龙穴南水道、落潮期间由龙穴南水道流入港池。河涌有效提高了末段港池的水交换能力，处于港池末段的污染物能在短时间内输移扩散到港池外。对于广州南沙港的挖入式港池可通过口门导堤工程与港池末端的河涌工程相结合的方式进行港池水交换问题的治理。

(7) 开渠是增加港池内外水体交换通道的直接途径，水渠两端存在逐时潮位差是水渠内水流产生流动的充分条件，通过水渠两端存在水位差的条件可使港池内外水体处于自然交换状态。在对广州港南沙港区的中部挖入式港池进行水交换问题治理时采用河涌工程可有效增加港池内外水体的交换量，使港池内污染物的扩散速率显著增加。

(8) 人工港湾的水环境问题有其自身的特点，首先要弄清楚水环境问题比较突出的重点水域，分析形成水交换问题的主要原因。如需进行治理，则应根据工程水域的特点研究选择恰当的治理措施。

5.2 有待进一步研究的问题

(1) 影响人工港湾水体交换能力的因素有很多，主要可分为两类：一是港池布置情况，如平面尺度、口门宽度、港池水深以及平面形状等；二是外界的水动力环境，如潮汐类型、潮流强弱、波流入射方向等。因此，对人工港湾水体交换能力的研究，要综合考虑上述各类因素的主导作用，才能切实反映出半封闭港池的水交换过程与治理效果。

(2) 港池口门宽度的选择受多种因素影响和制约，在半封闭港池的口门区泥沙容易淤积，形成口门沙槛。缩小口门宽度时会在港池口门水域形成回流，而回流区也是泥沙容易淤积的水域。因此，在开展半封闭港池水交换研究时，应结合泥沙回淤问题综合考虑治理措施。

(3) 在对港池水质模型验证时，很难找到港池水域的污染物实时观测资料，为水环境模型的率定带来一定困难。在对具体的污染物模拟时，假若参数选择有误差，将会造成在污染物模拟过程中过低或过高估计污染物的危害程度，影响到海港的进一步发展。本次模型是采用保守性示踪剂作为污染物进行模拟，随流运动的污染物在实际的输移扩散过程中会不断伴随有降解和生化等作用，摸清污染物的主要成分和变化过程，选择合适的模型参数才能真实有效地模拟出污染物在水中的扩散过程，反映出污染物对港池的危害程度。这些都需要通过对港池的不断调查以及大量的污染物监测资料和数据分析。这些都需要对已建港池水质进行系统的监测分析和对数学模型进行不断的调试验证才能获得。

(4) 水工建筑物附近水流和污染物的运动过程比较复杂，通过三维的数学模型才能有效地模拟出水流和污染物的真实运动过程，如在港池口门处断面缩窄，水流的垂向交换作用不容忽视，不同水深的污染物浓度差别也较大。二维模型仅能反映出污染物的垂向平均浓度分布，难以反映出污染物在水流中的垂向运动过程，必将造成计算出的污染物浓度值与实际情况相比过高或过低，在对污染物的危害程度评估时产生错误的判断。因此三维数值模拟将成为今后研究港池水交换问题的主要发展方向。

参考文献

[1] 张华. 连云港西大堤工程后人工海湾内回淤强度的测算分析[J]. 海洋工程. 2000,18(2):27-29.

[2] 龚政,张东生,陈永平. 陆源污染物对连云港海域环境影响研究[J]. 海洋工程. 2002,20(4):72-77.

[3] 程琪. 连云港西大堤工程后港区自然环境变化概述[J]. 海洋工程. 1999,17(3):54-61.

[4] 陈斌林,贺心然,等. 连云港港口海域污染物总量控制研究[J]. 中国海洋大学学报. 2006,36(3):447-450.

[5] 贺心然,陈斌林,等. 连云港港口海域主要污染物环境容量研究[J]. 环境科技. 2005,18(12):19-21.

[6] 徐军. 连云港西大堤工程建设影响作用评价[J]. 海洋通报. 2005,24(5):67-73.

[7] 陶非,张鹰,等. 连云港海洲湾海域水质分析[J]. 水利渔业. 2006,26(6):77-78.

[8] 何杰,叶小强,辛文杰. 环抱式单口门港池水体交换能力研究[J]. 水运工程,2008.2:87-91.

[9] 何杰,辛文杰. 挖入式港池水体交换能力研究[J]. 水利学报,2007(S1):330-333.

[10] 姚荣,陈晓峰,张娜. 绿色生态港口简介[J]. 人民长江,2003,34(5):28-30.

[11] K Gupta, S K Gupta, Rashmi S Patil. Environmental management plan for

ports and harbors projects[J]. Clean Technology&Environmental Policy, 2005,7:133-141.

[12] 赵芳敏,王大志,巍欣.港口总体规划环境影响评价研究[J].环境科学与技术,2007,30(7):64-66.

[13] 路静,唐谋生,李丕学.港口环境污染治理技术[M].北京:海洋出版社,2007.

[14] 洪丽娟.新加坡港海洋污染预防综述[J].交通环保,1995,16(5):23-28.

[15] 曾国荣.新加坡港口环保管理特点与借鉴[J].中国港口,1995(1):42-43.

[16] 吴永成,翁学传,等.胶州湾溢油污染研究[J].海洋科学集刊,1996(10):25-31.

[17] 吴维平.中国沿海港口粉尘污染的防治现状与对策[J].交通环保,2003(4):380-384.

[18] 郭珊,詹水芬,等.煤炭港粉尘污染防治技术综述[J].水道港口,2006(2):40-44.

[19] 尹发军.日照港粉尘污染综合防治对策研究[J].交通环保,1996(6):24-27.

[20] 陈军.浅谈港口环境保护[J].交通环保,2003(2):91-93.

[21] 任兢生.浅谈船舶污染的防治与港口环境污染的治理[J].交通环保,2003,24(S1):101-102.

[22] Backhaus J. O. Estimates of the variability of low frequency currents and flushing times of the North Sea[C]. ICES Hydrography Committee, Copenhagen. 1984, C. M. C(24).

[23] Signell R P, Bradford B. Modeling Tidal Exchange and Dispersion in Boston Harbor[J]. Journal of Geophysical Research Oceans, 1992, 97(C10):15591-15606.

[24] Yanagi T. Seasonal variation of sea water exchange ratios in Osaka Bay[J]. Bulletin on Coastal Oceanography. 1986,24:72-77.

[25] Yanagi T, Inoue K I, Montani S, et al. Ecological modeling as a tool for coastal zone management in Dokai Bay, Japan[J]. Journal of Marine Systems, 1997, 13(1-4):123-136.

[26] Takeoka H. Fundamental concepts of exchange and transport time scales in

a coastal sea[J]. Continental Shelf Research. 1984, 3:331-326.

[27] Takeoka H. Water exchange in a time varying transport field[J]. Journal of the Oceanographical Society of Japan. 1987,43(1):21-27.

[28] Choi B. H. A strategy to evaluate coastal defense levels of seas around Korean Peninsula[C]//. G. H. Hong, J. Zhang and B. K. Park. Health of the Yellow Sea. SEOUL: The Earth Love Publication Association, 1999: 79-108.

[29] Kitheka J. U. Coastal tidally-driven circulation and the role of water exchange in the linkage between tropical coastal ecosystems[J]. Estuarine Coastal and Shelf Science. 1997,45(2):177-187.

[30] Rosenberg R. Negative oxygen trends in Swedish coastal bottom waters[J]. Marine Pollution Bulletin. 1990,21(7):335-339.

[31] Lindahl O., Belgrano A., Davidsson L. Primary production, climate oscillations and physico-chemical processes, the Gullmar Fjord time-series dataset[J]. ICES Journal of Marine Science. 1998,55:723-729.

[32] Le Pape O., Menesguen A. Hydrodynamic prevention of eutrophication in the bay of Brest (France), a modeling approach[J]. Journal of Marine System. 1997,12:171-186.

[33] Kraufvelin P., Sinisalo B. Changes in zoobenthic community structure after pollution abatement from fish farms in the Archipelago Sea (N. Baltic Sea) [J]. Marine Environmental Research. 2001,51(3):229-245.

[34] 魏泽勋,李春雁,方国洪,等. 渤海夏季环流和渤海海峡水体输运的数值诊断研究[J]. 海洋科学进展,2003,21(4):454-464.

[35] 魏皓,田恬,周锋,等. 渤海水交换的数值模拟研究—水质模型对半交换时间的模拟[J]. 中国海洋大学学报(自然科学版). 2002,32(4):519-525.

[36] 魏皓,田恬. 渤海水交换的数值模拟研究[J]. 中国海洋大学学报. 2003,33(1):191-201.

[37] 林霄沛,吴德星,鲍献文,等. 渤海海峡断面温度结构及流量的季节变化[J]. 中国海洋大学学报(自然科学版). 2002,32(3):355-360.

[38] 孙英兰,陈时俊,俞光耀.海湾物理自净能力分析和水质预测—胶州湾[J].山东海洋学院学报.1988,18(2):60-65.

[39] 赵亮,魏皓,赵建中.胶州湾水交换的数值研究[J].海洋与湖沼.2002,33(1):23-29.

[40] 杜尹.罗源湾海水交换三维数值模拟研究[D].青岛:中国海洋大学.2005.

[41] 董礼先,苏纪兰.象山港水交换数值研究Ⅰ.对流—扩散型的水交换模式[J].海洋与湖沼.1999,30(4):410-415.

[42] 董礼先,苏纪兰.象山港水交换数值研究Ⅱ.模型的应用[J].海洋与湖沼.1999,30(5):465-470.

[43] 陈春华,侍茂崇,杨宗严.海甸溪与海口湾水交换的关系[J].海洋湖沼通报.1997,30:1-5.

[44] 山峰,林霄沛,吴德星.东海黑潮混沌特征的数值分析[J].中国海洋大学学报(自然科学版).2003,33(1):20-26.

[45] 陈慧峰.海湾围填引起的潮流运动变化及其影响研究——以防城港海湾为例[D].南京:南京水利科学研究院,2008.

[46] 孙英兰,张越美.丁字湾物质输运及水交换能力研究[J].中国海洋大学学报(自然科学版).2003,33(1):6-11.

[47] 张光玉.港口水工布局对海湾环境的影响[J].交通环保.1994(4):15-21.

[48] 田嘉宁.半封闭性港口化学需氧量数值模拟[J].西安理工大学学报.1995(4):292-296.

[49] 辛文杰,韩玉芳.大铲湾集装箱码头区开发方案——内港池潮流模型试验研究[R].南京水利科学研究院报告,2004.

[50] 何杰.潮汐河口汊道治理数值模拟研究[D].南京:南京水利科学研究院,2006.

[51] He Jie, Xin Wenjie. Study on the secondary pollution of point source for the large harbor with one entrance [C] // International Conference on Informational Technology and Environmental System Science, Jiaozuo China, 2008. Part1:559-565.

[52] 辛文杰,何杰.广州港南沙港区深水航道水抛区疏浚土运移数值模拟研究

[R]. 南京水利科学研究院报告,2003.

[53] 辛文杰,韩玉芳,何杰. 招商局蛇口工业区太子湾片区建设水动力环境模型试验研究[R]. 南京水利科学研究院报告,2008.

[54] 金腊华,徐峰俊. 河口及近海水质模拟[M]. 北京:化学工业出版社,2007.

[55] Francisco Alcrudo, Pilar Garcia-Navarro. A high-resolution Godunov-type scheme in finite volumes for the 2D shallow-water equations [J]. International Journal for Numerical Methods in Fluids, 2010, 16(6): 489-505.

[56] D. H. Zhao, H. W. Shen, G. Q. Tabios III, et al. A finite volume two-dimensional unsteady flow model for river basins[J]. J. Hydraul Eng ASCE, 1994,120:863-83.

[57] D. H. Zhao, H. W. Shen, J. S. Lai, et al. Approximate Riemann solvers in FVM for 2D hydraulic shock wave modeling[J], J. Hydraul Eng ASCE, 1996,122:692-702.

[58] C. T. Chan, K. Anastasiou. Solution of incompressible flows with or without a free surface using the finite volume method on unstructured triangular meshes [J]. International Journal for Numerical Methods in Fluids, 1999,29:35-57.

[59] K. Hu, C. G. Mingham, D. M. Causon. A bore-capturing finite volume method for open-channel flows[J]. International Journal for Numerical Methods in Fluids, 1998, 28:241-1261.

[60] M. S. Tseng. Explicit finite volume non-oscillatory schemes for 2D transient free-surface flows[J], International Journal for Numerical Methods in Fluids, 1999,30:831-843.

[61] J. W. Wang, R. X. Liu. The composite finite volume method on unstructured triangular meshes for 2D shallow water equations [J]. International Journal for Numerical Methods in Fluids,,2001,37:933-949.

[62] J. W. Wang, R. X. Liu. A comparative study of finite volume methods on unstructured meshes for simulation of 2D shallow water wave problems[J].

Mathematics and Computers in Simulation, 2000,53(3):171-184.

[63] Nelida Crnjaric-Zic, Senka Vukovic, Luka Sopta. Balanced finite volume WENO and central WENO schemes for the shallow water and the open-channel flow equations[J]. Journal of Computational Physics, 2004, 200(2):512-548.

[64] J. Murillo, J. Burguete, P. Brufau, P. Carcia-Navarro. Coupling between shallow water and solute flow equations: analysis and management of source terms in 2D[J]. International Journal for Numerical Methods in Fluids, 2005, 49:267-299.

[65] J. Murillo, P. Carcia-Navarro, J. Burguete, et. A conservative 2D model of inundation flow with solute transport over dry bed[J]. International Journal for Numerical Methods in Fluids, 2006, 52:1059-1092.

[66] 赵棣华，姚琪，蒋艳，等. 通量向量分裂格式的二维水流—水质模拟[J]. 水科学进展，2002，13(6):701-706.

[67] 赵棣华，沈福新，颜志俊，等. 基于有限体积法及 FDS 格式的感潮河段二维泥沙冲淤模型[J]. 水动力学研究与进展，2004，19(1):98-103.

[68] 王嘉松，何友声. 浅水流动与污染物扩散的高分辨率计算模型[J]. 应用数学和力学，2002，23(7):661-666.

[69] 施勇，胡四一. 无结构网格上平面二维水沙模拟的有限体积法[J]. 水科学进展，2002，13(4):409-415.

[70] 施勇，胡四一. 感潮河网区水沙运动的数值模拟[J]. 水科学进展，2001，12(4):431-438.

[71] 王志力，陆永军，耿艳芬. 基于非结构网格有限体积法的二维高精度物质输运模拟[J]. 水科学进展，2008，19(4):531-536.

[72] 王志力. 基于 Godunov 和 Semi-Lagrangian 法的二、三维浅水方程的非结构化网格离散研究[D]. 大连：大连理工大学，2005.

[73] 王志力，陆永军，左利钦. 强潮河口三维无结构网格盐度数学模型[J]. 海洋工程，2008，26(2):43-53.

[74] Lo S H. A new mesh generation scheme for arbitrary planar domains[J].

International Journal for Numerical Methods in Engineering, 2010, 21(8): 1403-1426.

[75] 孙少鹏,杨峠生. 非结构网格生成技术的研究[J],空气动力学学报,1996(1): 19-25.

[76] 朱培烨,王红建. Delaunay 非结构网格生成之布点技术[J],航空计算技术, 1999,29(3):21-25.

[77] 陈斌,郭烈锦. 非结构化网格快速生成技术[J],西安交通大学学报,2000,34(1):18-21.

[78] 田林,孙志林,AutoCAD 下非结构网格自动生成[J],水动力学研究与进展, 2002,17(1):124-128.

[79] http://www-dinma. univ. trieste. it/nirftc/research/easymesh/easymesh. html.

[80] Elder J W. The dispersion of marked fluid in turbulent shear flow[J]. J Fluid Mech, 1959(5):546-560.

[81] Roe P L. Approximate Riemann solvers, parameter vectors, and difference schemes[J]. Journal of Computational Physics, 1981, 43(2):357-372.

[82] BRUFAU P. Two-dimensional dam break flow simulation [J]. International Journal for Numerical Methods in Fluids, 2000,33:35-57.

[83] 刘儒勋,舒其望. 计算流体力学的若干新方法[M]:北京:科学出版社,2003.

[84] Benedict D. Rogers. Mathematical balancing of flux gradient and source terms prior to using Roe's approximate Riemann solver [J]. Journal of Computational Physics, 2003, 192:422-451.

[85] P. Brufau, P. Garcia-Navarro. Two-dimensional dam break flow simulation [J]. International Journal for Numerical Methods in Engineering. 2000,33: 35-57.

[86] 朱庆平. 基于 GIS 的二维水沙数学模型及其在黄河下游的研究[D]. 南京:河海大学,2005.

[87] SLEIGH P A, GASKELL P H. An unstructured finite-volume algorithm for predicting flow in rivers and estuaries[J]. Computers & Fluids, 1998,

27:479-508.

[88] Brufau P, Vazquez-Cendon ME, Garcia-Navarro P. A numerical model for the flooding and drying of irregular domains[J]. International Journal for Numerical Methods in Engineering,2002(39):247-275.

[89] Murillo J, García-Navarro P, Burguete J, et al. A conservative 2D model of inundation flow with solute transport over dry bed[J]. International Journal for Numerical Methods in Fluids, 2010, 52(10):1059-1092.

[90] 于普兵.二维浅水水流数值模拟技术研究—无结构网格有限体积法[D].南京:南京水利科学研究院,2006.

[91] P. A. Sleigh, P. H. Gaskell, M. Berzins, N. G. Wright, An unstructured finite-volume algorithm for predicting flow in rivers and estuaries[J]. Computers and fluid, 1998,27:479-508.

[92] Martinez C D, Dawson C N, Martinez M L, et al. A Godunov-type finite volume method for the system of Shallow water equations[J]. Computer Methods in Applied Mechanics & Engineering, 1998, 151(s 1-2):105-129.

[93] M. Namin, B. Lin, R. A. Falconer, Modeling estuarine and coastal flows using an unstructured triangular finite volume algorithm[J]. Advances in Water Resources, 2004, 27:1179-1197.

[94] 谭维炎,胡四一.二维浅水流动的一种普适的高性能格式——有限体积 Osher 格式[J].水科学进展,1991,2(3):154-161.

[95] 谭维炎,胡四一.二维浅水明流的一种二阶高性能算法[J].水科学进展,1992,3(2):89-95.

[96] 谭维炎,胡四一.计算浅水动力学的新方向[J].水科学进展,1992,3(4):310-318.

[97] 谭维炎,胡四一.浅水流动计算中的一阶有限体积法 Osher 格式的实现[J].水科学进展,1994,5(4):262-270.

[98] 胡四一,谭维炎.无结构网格上二维浅水流动的数值模拟[J].水科学进展,1995,6(1):1-9.

[99] 陈祖华,王光谦,王志石.澳门周围水域潮汐流动的数值模拟[J].应用基础与

工程科学学报,2001,9:251-258.

[100] 潘存鸿,林炳尧,毛献忠. 一维浅水流动方程的 Godunov 格式求解[J]. 水科学进展,2003,14(4):430-436.

[101] 潘存鸿,林炳尧,毛献忠. 求解二维浅水流动方程的的 Godunov 格式[J]. 水动力学研究与进展,2003,A 辑,18(1):16-23.

[102] 潘存鸿,林炳尧,毛献忠. 浅水方程动边界数值模拟[J]. 水利水运工程学报,2004(4):1-7.

[103] 王志力,耿艳芬,金生. 具有复杂计算域和地形的二维浅水流动数值模拟[J]. 水利学报,2005,36(4):439-444.

[104] 张大伟,张超,王兴奎. 具有实际地形的溃堤水流数值模拟[J]. 清华大学学报(自然科学版),2007,47(12):2127-2130.

[105] ROGERS B D. Mathematical balancing of flux gradient and source terms prior to using Roe's approximate Riemann solver [J]. Journal of Computational Physics, 2003, 192:422-451.

[106] 李未. Roe-Upwind 有限体积模型及对涌潮机理的数值模拟[D]. 南京:河海大学,2006.

[107] HUBBARD M E. v [J]. Journal of Computational Physics, 2000, 165:89-125.

[108] BRUFAU P. A numerical model for the flooding and drying of irregular domains [J]. International Journal for Numerical Methods in Fluids, 2002, 39:247-275.

[109] BRUFAU P. Zero mass error using unsteady wetting-drying conditions in shallow flows over dry irregular topography [J]. International Journal for Numerical Methods in Fluids, 2004, 45:1047-1082.

[110] P. L. Roe, Approximate Riemann solvers, parameter vectors, and difference schemes[J], J of Comput Phys, 1981,43:357-372.

[111] Osher S. Riemann Solvers, The Entropy Condition, and Difference Approximations[J]. Siam Journal on Numerical Analysis, 1984, 21(2):217-235.

[112] 何杰，辛文杰，徐志扬. 浅水方程 Reo 型格式的平衡性[J]. 河海大学学报（自然科学版），2009，34(4).

[113] 交通运输部水运局. 海岸与河口潮流泥沙模拟技术规程（JTJ/T 233—98）[S]. 北京：人民交通出版社，1999.

[114] 深圳港大铲湾集装箱码头一期工程环境影响报告[R]. 深圳：深圳环境科学研究所，2003.4.

[115] 何波，张兆华. 广州港南沙港区总体规划方案[J]. 水运工程，2004，362(3).

[116] 辛文杰，罗小峰. 广州港南沙港区总体布局方案平面二维潮流泥沙数值模拟[R]. 南京水利科学研究院报告，2001.3.

[117] 杨树森. 广州港南沙港区起步和总体布局方案港池与航道泥沙淤积计算和分析[R]. 天津水运工程研究所，2001.5.

[118] 辛文杰、何杰. 广州港南沙港区南沙作业区控制性详细规划潮流泥沙数学模型研究[R]. 南京水利科学研究院报告，2007.10.